AF156433

HARTMUT BAUER

Verfassungsrechtliche Grenzen
rückwirkender Anwaltsgebührenerhöhungen

Schriften zum Öffentlichen Recht

Band 476

Verfassungsrechtliche Grenzen rückwirkender Anwaltsgebührenerhöhungen

Von

Akad. Rat Hartmut Bauer

DUNCKER & HUMBLOT / BERLIN

CIP-Kurztitelaufnahme der Deutschen Bibliothek

Bauer, Hartmut:
Verfassungsrechtliche Grenzen rückwirkender
Anwaltsgebührenerhöhungen / von Hartmut Bauer. —
Berlin: Duncker und Humblot, 1984.
(Schriften zum Öffentlichen Recht; Bd. 476)
ISBN 3-428-05733-3

NE: GT

Inhaltsübersicht

D. Anhang 84

A. Problematik und Fragestellung

Anwaltsgebührenerhöhungen sind spätestens seit der drastischen Prozeßkostenanhebung durch das Kostenänderungsgesetz von 1975[1] zu einem Politikum von allgemeinem Interesse geworden. Die lebhafte Kontroverse über die Berechtigung des Umfangs der damaligen Gebührenerhöhung wurde nämlich bereits 1980 wieder aufgegriffen und fortgeführt, als die gesetzliche Anwaltsvergütung durch das Fünfte Gesetz zur Änderung der Bundesgebührenordnung für Rechtsanwälte[2] erneut erheblich angehoben wurde[3].

Gegenstand der Auseinandersetzung war in beiden Fällen u. a. die rückwirkende Anwendung des neuen Rechts[4]. Denn bei beiden Gebührenerhöhungen mußte der Gesetzgeber auch darüber entscheiden, ob die Gebühren für die bei Inkrafttreten der Neuregelung bereits laufenden gerichtlichen Verfahren sowie für die zu diesem Zeitpunkt bereits laufenden sonstigen Anwaltsangelegenheiten nach neuem oder altem Recht zu berechnen sind. Dieses Problem wurde 1975 und 1980 unterschiedlich gelöst: Während das Kostenänderungsgesetz von 1975 die laufenden Angelegenheiten von der Neuregelung grundsätzlich unberührt ließ[5], unterstellte das Änderungsgesetz von 1980 die laufenden Angelegenheiten — entgegen der noch im ursprünglichen Gesetzentwurf der Bundesregierung enthaltenen Übergangsregelung[6] — grundsätzlich dem neuen Gebührenrecht[7].

---

[1] Gesetz zur Änderung des Gerichtskostengesetzes, des Gesetzes über Kosten der Gerichtsvollzieher, der Bundesgebührenordnung für Rechtsanwälte und anderer Vorschriften vom 20. August 1975, BGBl. I, S. 2189.

[2] Gesetz vom 18. August 1980, BGBl. I, S. 1503.

[3] Zur Auseinandersetzung über das Änderungsgesetz von 1980, dessen Schicksal bis zuletzt ungewiß war, vgl. *H.-J. Rabe*, BRAGebO-Novelle verabschiedet, AnwBl. 1980, S. 313 f. und *A. Mümmler*, Die Änderung der Bundesgebührenordnung für Rechtsanwälte ab 1.1.1981, JurBüro 1980, Sp. 1761 ff.

[4] Vgl. Stenographisches Protokoll über die 53. Sitzung des Rechtsausschusses am 29. Januar 1975, S. 14 ff. und Stenographisches Protokoll über die 99. Sitzung des Rechtsausschusses am 18. Juni 1980, S. 12 f.

[5] Art. 5 § 2 Abs. 4 des Gesetzes (FN 1).

[6] Art. 1 Nr. 32 des von der Bundesregierung beschlossenen Entwurfs eines Gesetzes zur Änderung der Bundesgebührenordnung für Rechtsanwälte vom 22. Februar 1980, BT-Drucks. 8/3691, S. 7.

[7] Art. 1 Nr. 30 des Gesetzes (FN 2).

Noch vor dem Inkrafttreten wurde die Übergangsregelung des Gebührenänderungsgesetzes von 1980 verfassungsrechtlich durchleuchtet. Prüfungsmaßstab war vor allem das Rückwirkungsverbot. Die dabei gewonnenen Ergebnisse spiegeln die im Zusammenhang mit den bisherigen Gebührenanhebungen bereits mehrfach erkennbar gewordenen Unsicherheiten über die verfassungsrechtlichen Grenzen rückwirkender Gebührenerhöhungen[8] beispielhaft wider — sie reichen von der Verfassungswidrigkeit[9] bis zur Verfassungsmäßigkeit[10].

Die Rechtsschutzversicherer, für die rückwirkende Gebührenanhebungen außerordentlich umfangreiche Belastungen darstellen können[11], nahmen die bestehenden Unsicherheiten zum Anlaß, die vorliegende Untersuchung in Auftrag zu geben. Mit ihr soll unter besonderer Berücksichtigung der bisherigen Gesetzgebungspraxis folgende Frage beantwortet werden:

Welche verfassungsrechtlichen Grenzen sind dem Gesetzgeber beim Erlaß rückwirkender Anwaltsgebührenerhöhungen gezogen und werden diese Grenzen insbesondere durch die rückwirkende Gebührenanhebung von 1980 überschritten?

---

[8] Vgl. dazu BT-Drucks. II/2545, S. 285 f.; 7/3243, S. 15; 8/3691, S. 20 f. und die Nachw. in FN 4.

[9] So *F. Lappe*, Verfassungswidrig-rückwirkende Anwaltsgebührenerhöhung?, Rpfleger 1980, S. 454 ff.

[10] So *A. Mümmler*, JurBüro 1980, Sp. 1761 ff. (Sp. 1769 f.); im Ergebnis nicht eindeutig entschieden *W. Gerold / H. Schmidt*, Bundesgebührenordnung für Rechtsanwälte, Kommentar, 8. Aufl., München 1984, Rdnr. 1 zu § 134: Die gegen die Verfassungsmäßigkeit geäußerten Bedenken „dürften unbegründet sein".

[11] Ausweislich der Verbandsstatistik der Rechtsschutzversicherer belief sich die bei der Gebührenanhebung von 1980 durch die erst vom Rechtsausschuß des Deutschen Bundestages eingefügte Rückwirkungsvorschrift verursachte nachträgliche Mehrbelastung der Rechtsschutzversicherer allein im Jahr 1981 marktweit auf rund 70 Mio. DM (!). Dieser Betrag machte etwa 3,4 % des damaligen Gesamtschadensaufwandes aus.
Rückwirkungsprobleme, die sich deshalb bei rückwirkenden Anwaltsgebührenerhöhungen u. U. auch im Hinblick auf laufende Rechtsschutzversicherungsverträge ergeben könnten, werden in diesem Gutachten nicht untersucht. Zu dem Erfordernis, die Rechtsschutzversicherungsverträge jedenfalls rechtspolitisch bei Anwaltsgebührenerhöhungen zu berücksichtigen, siehe unten C. II.

B. Verfassungsrechtliche Grenzen rückwirkender Anwaltsgebührenerhöhungen, dargestellt insbesondere am Beispiel der Gebührenerhöhung von 1980

In der bisherigen Gesetzgebungspraxis waren die einzelnen Anwaltsgebührenerhöhungen inhaltlich unterschiedlich ausgestaltet und mit unterschiedlichen Rückwirkungsanordnungen versehen. Eine die Gesetzgebungspraxis berücksichtigende Untersuchung der dem Gesetzgeber bei der rückwirkenden Anhebung von Anwaltsgebühren gezogenen verfassungsrechtlichen Schranken macht deshalb zunächst eine Zusammenschau der bisherigen Erhöhungen und der bisher verwendeten Rückwirkungsanordnungen erforderlich. Im Anschluß daran müssen die Auswirkungen von nachträglichen Gebührenänderungen auf abgeschlossene bzw. laufende Sachverhalte und Rechtsbeziehungen herausgearbeitet werden. Auf der Grundlage dieser Vorarbeiten kann sich die Untersuchung schließlich der näheren Bestimmung der verfassungsrechtlichen Grenzen rückwirkender Anwaltsgebührenerhöhungen zuwenden.

I. Bisherige Anwaltsgebührenerhöhungen

1. Eingrenzung des Untersuchungsgegenstandes

Bemessungsgrundlage für die Vergütung (Gebühren und Auslagen) der Rechtsanwälte ist heute im wesentlichen die Bundesgebührenordnung für Rechtsanwälte (BRAGO)[12]. Die BRAGO regelt den Grund des Vergütungsanspruchs zwar nur ausnahmsweise; sie bestimmt aber für den von ihr vorausgesetzten und dem Grunde nach regelmäßig im bürgerlichen Recht wurzelnden Vergütungsanspruch die Anspruchshöhe[13]. Eine gesetzliche Erhöhung der Rechtsanwaltsvergütung wird deshalb in aller Regel durch eine Änderung der BRAGO herbeigeführt.

Bedingt durch weitere (auch) das „Anwaltsgebührenrecht" regelnde Normen[14] und durch Bezugnahme bzw. Verweisung der BRAGO auf

---

[12] § 1 Abs. 1 BRAGO.

[13] Vgl. *F. Riedel / H. Sußbauer*, Bundesgebührenordnung für Rechtsanwälte, Kommentar, 4. Aufl., München 1978, Rdnr. 1 zu § 1.

[14] Vgl. § 1 Abs. 2 BRAGO; § 85 Konkursordnung, § 43 Vergleichsordnung; jeweils i. V. m. Verordnung über die Vergütung des Konkursverwalters, des

andere Gesetze[15], sind bei der Berechnung der Anwaltsvergütung häufig jedoch auch andere Rechtsgrundlagen als die BRAGO heranzuziehen[16]. Diese Gesetzessystematik hat zur Folge, daß eine Erhöhung der Rechtsanwaltsgebühren nicht nur dann eintreten kann, wenn die BRAGO selbst geändert, ergänzt oder teilweise aufgehoben wird, sondern auch dann, wenn außerhalb der BRAGO stehende, (auch) das „Anwaltsgebührenrecht" regelnde Vorschriften geändert, ergänzt oder teilweise aufgehoben werden. Eine Gebührenerhöhung kann sich in diesen Fällen beispielsweise dann ergeben, wenn durch eine Änderung des Gerichtskostengesetzes einzelne Streitwerte in bürgerlichen Rechtsstreitigkeiten angehoben werden[17]. Soweit sich derartige Änderungen rückwirkende Kraft beilegen sollten, werden sich zu ihrer Rechtfertigung jedoch regelmäßig Gesichtspunkte anführen lassen, die entweder allgemeinerer Art sind oder sich aus dem jeweiligen konkreten Regelungszusammenhang ergeben und deshalb für die besondere Problematik der verfassungsrechtlichen Grenzen rückwirkender Rechtsanwaltsgebührenerhöhungen nur eher geringen Aussagewert besitzen. Gebührenanhebungen, die nicht unmittelbar auf einer Änderung der BRAGO beruhen, bleiben deshalb von dieser Untersuchung grundsätzlich ausgenommen.

Die nach Ausblendung dieser Bereiche als Kerngesetz des Anwaltsgebührenrechts verbleibende BRAGO geht in ihrer heutigen Fassung auf Art. VIII des Gesetzes zur Änderung und Ergänzung kostenrechtlicher Vorschriften vom 26. Juli 1957[18] zurück. Mit dem damaligen Gesetz war das zum Teil noch auf den Reichsjustizgesetzen von 1879 beruhende Justizkostenrecht einer grundlegenden und organischen Reform unterzogen worden, nachdem bereits in der Zeit der Weimarer Republik und in der Zeit des Nationalsozialismus, aber auch nach Inkrafttreten des Grundgesetzes, zahlreiche Reformen der zersplitterten und teilweise partikular unterschiedlichen kostenrechtlichen Regelungen durchgeführt worden waren[19, 20].

Vergleichsverwalters, der Mitglieder des Gläubigerausschusses und der Mitglieder des Gläubigerbeirats vom 25. Mai 1960 (BGBl. I, S. 329), zuletzt geändert durch Verordnung vom 11. Juni 1979 (BGBl. I, S. 637). Vgl. ferner *F. Riedel / H. Sußbauer* (FN 13), Rdnr. 3 vor § 1.

[15] So in §§ 8 Abs. 1 und 2, 27 Abs. 2 BRAGO.

[16] Z. B. §§ 12 ff. Gerichtskostengesetz, §§ 3 bis 9 ZPO; zahlreiche weit. Nachw. finden sich bei *W. Gerold / H. Schmidt* (FN 10), Rdnr. 2 ff. zu § 8.

[17] So z. B. die durch Art. 7 Nr. 3 des Gesetzes über Maßnahmen auf dem Gebiete des Kostenrechts vom 7. August 1952 (BGBl. I, S. 401) herbeigeführte Erhöhung des Streitwertes für Räumungs- (und Mietaufhebungs-)klagen von ursprünglich dem vierteljährlichen auf den jährlichen Zins.

[18] BGBl. I, S. 861 (S. 907).

[19] Vgl. BT-Drucks. II/2545, S. 153 f., 220 ff.; II/3378, S. 1. Zur Entstehungsgeschichte der BRAGO siehe ferner *F. Riedel / H. Sußbauer* (FN 13), Rdnr. 1 ff. vor § 1.

Seit seinem Inkrafttreten wurde dieses Gesetz 39mal geändert[21]. Allerdings bewirkten keineswegs sämtliche bisherigen Gesetzesänderungen eine Erhöhung der Anwaltsgebühren; auch waren vielfach die Änderungen des Anwaltsgebührenrechts in die gesetzliche Neuregelung anderer als kostenrechtlicher Rechtsbereiche eingebettet:

Mit einer Reihe der gesetzlichen Regelungen wurde lediglich die bisherige Begrifflichkeit an in anderen Gesetzen vorgenommene terminologische Änderungen angeglichen[22] oder es wurden einzelne Vorschriften der BRAGO an Veränderungen des Steuerrechts angepaßt[23]. Zum Teil dienten die Änderungen der BRAGO auch der Ausführung von zwischenstaatlichen Vereinbarungen über die gegenseitige Anerkennung und Vollstreckung von gerichtlichen Entscheidungen und sonstigen besonderen Titeln[24] oder standen in engem Regelungszusammen-

---

[20] Die bis 1957 durchgeführten Änderungen des Anwaltsgebührenrechts bleiben in dieser Bestandsaufnahme und in der weiteren Untersuchung grundsätzlich unberücksichtigt. Ihre Nichtberücksichtigung rechtfertigt sich für die vor Inkrafttreten des Grundgesetzes liegenden Erhöhungen aus der Überlegung, daß das Rückwirkungsverbot als verbindliche Grenze für gesetzgeberisches Handeln erst nach Inkrafttreten des Grundgesetzes allgemeine Anerkennung gefunden hat. Die zwischen dem Ende des Nationalsozialismus und der grundlegenden Kostenrechtsreform von 1957 liegenden Änderungen waren in die besonderen Bedingungen der Nachkriegszeit bzw. der ersten Jahre des Wiederaufbaues eingebunden; sie wurden teilweise ausdrücklich als vorläufige Regelungen angesehen. Vgl. dazu z. B. BT-Drucks. I/3581, S. 1; Verhandlungen des Deutschen Bundestages, 1. Wahlperiode, Bd. 12, S. 10225.

[21] Eine Übersicht über die bisherigen Gesetzesänderungen ist u. a. in der von *H. Schönfelder* begründeten Textsammlung „Deutsche Gesetze", München, Losebl. Stand: Juni 1984, unter Nr. 117 enthalten.

[22] Z. B. Art. 2 § 12 des Gesetzes zur Änderung des Rechtspflegergesetzes, des Beurkundungsgesetzes und zur Umwandlung des Offenbarungseides in eine eidesstattliche Versicherung vom 27. Juni 1970 (BGBl. I, S. 911): Ersetzung der Worte „des Offenbarungseides" durch die Worte „der eidesstattlichen Versicherung"; Art. 8 Nr. 2 c des Gesetzes zur Vereinfachung und Beschleunigung gerichtlicher Verfahren (Vereinfachungsnovelle) vom 3. Dezember 1976 (BGBl. I, S. 3281): Ersetzung der Worte „Zahlungsbefehl" und „Vollstreckungsbefehl" durch die Worte „Mahnbescheid" und „Vollstreckungsbescheid".

[23] Art. 1 Nr. 2 des Gesetzes zur Anpassung von Kostengesetzen an das Umsatzsteuergesetz vom 29. Mai 1967 vom 20. Dezember 1967 (BGBl. I, S. 1246); Art. 13 des Gesetzes zur Änderung des Umsatzsteuergesetzes, des Bundeskindergeldgesetzes, des Einkommensteuergesetzes und anderer Gesetze (Steueränderungsgesetz 1977 — StÄndG 1977) vom 16. August 1977 (BGBl. I, S. 1586); Art. 12 des Gesetzes zur Änderung des Einkommensteuergesetzes, des Gewerbesteuergesetzes, des Umsatzsteuergesetzes und anderer Gesetze (Steueränderungsgesetz 1979 — StÄndG 1979) vom 30. November 1978 (BGBl. I, S. 1849); 2. Kapitel Art. 9 Nr. 2 des Gesetzes zur Neufassung des Umsatzsteuergesetzes und zur Änderung anderer Gesetze vom 26. November 1979 (BGBl. I, S. 1953).

[24] Vgl. Gesetz zur Ausführung des Abkommens zwischen der Bundesrepublik Deutschland und dem Königreich Belgien vom 30. Juni 1958 über die gegenseitige Anerkennung und Vollstreckung von gerichtlichen Entscheidungen, Schiedssprüchen und öffentlichen Urkunden in Zivil- und Handelssachen vom 26. Juni 1959 (BGBl. I, S. 425); Gesetz zur Ausführung des Ver-

hang mit der Einführung neuer Gesetze oder der Änderung von Verfahrensrecht[25]. Obwohl auch derartige BRAGO-Änderungen bei entsprechender Ausgestaltung zu einer rückwirkenden Anhebung der Anwaltsgebühren führen können, bleiben sie von dieser Untersuchung ausgeklammert. Ihre Nichtberücksichtigung ist schon allein deshalb gerechtfertigt, weil sich für sie regelmäßig aus dem Gesamtzusammenhang der jeweiligen gesetzlichen Regelung Argumente für die Zulässigkeit einer etwaigen Rückwirkung anführen lassen werden, die für die besondere Frage nach den grundsätzlichen Grenzen rückwirkender Anwaltsgebührenerhöhungen allenfalls von peripherer Bedeutung sind.

Schließlich können von der Untersuchung auch all jene Gesetze ausgenommen werden, die zwar auch umfangreiche Anwaltsgebührenerhöhungen zum Gegenstand hatten, deren Änderungen sich aber im wesentlichen nur auf die Pflichtverteidiger- und Prozeßkostenhilfe(Armenanwalts-)gebühren bezogen[26]. Diese Gesetze brachten zwar zum Teil ganz außergewöhnlich hohe Anhebungen der bisherigen Gebühren[27] und erfaßten teilweise auch laufende Angelegenheiten[28]. Die Er-

---

trages zwischen der Bundesrepublik Deutschland und der Republik Österreich vom 6. Juni 1959 über die gegenseitige Anerkennung und Vollstreckung von gerichtlichen Entscheidungen, Vergleichen und öffentlichen Urkunden in Zivil- und Handelssachen vom 8. März 1960 (BGBl. I, S. 169); Gesetz zur Ausführung des Abkommens vom 14. Juli 1960 zwischen der Bundesrepublik Deutschland und dem Vereinigten Königreich Großbritannien und Nordirland über die gegenseitige Anerkennung und Vollstreckung von gerichtlichen Entscheidungen in Zivil- und Handelssachen vom 28. März 1961 (BGBl. I, S. 301); Gesetz zur Ausführung des Vertrages vom 30. August 1962 zwischen der Bundesrepublik Deutschland und dem Königreich der Niederlande über die gegenseitige Anerkennung und Vollstreckung gerichtlicher Entscheidungen und anderer Schuldtitel in Zivil- und Handelssachen vom 15. Januar 1965 (BGBl. I, S. 17).

[25] Z. B. Gesetz gegen Wettbewerbsbeschränkungen vom 27. Juli 1957 (BGBl. I, S. 1081); Sechstes Gesetz zur Änderung und Überleitung von Vorschriften auf dem Gebiet des gewerblichen Rechtsschutzes vom 23. März 1961 (BGBl. I, S. 274); Gesetz zur Änderung des Rechts der Revision in Zivilsachen vom 8. Juli 1975 (BGBl. I, S. 1863); Gesetz über den Vollzug der Freiheitsstrafe und der freiheitsentziehenden Maßregeln der Besserung und Sicherung — Strafvollzugsgesetz (StVollzG) — vom 16. März 1976 (BGBl. I, S. 581); Gesetz über die internationale Rechtshilfe in Strafsachen (IRG) vom 23. Dezember 1982 (BGBl. I, S. 2071).

[26] So das Gesetz zur Änderung der Bundesgebührenordnung für Rechtsanwälte und des Gerichtskostengesetzes vom 19. Juni 1961 (BGBl. I, S. 769), das Gesetz zur Änderung der Bundesrechtsanwaltsordnung, der Bundesgebührenordnung für Rechtsanwälte und anderer Vorschriften vom 24. Oktober 1972 (BGBl. I, S. 2013) und das Gesetz über die Prozeßkostenhilfe vom 13. Juni 1980 (BGBl. I, S. 677).

[27] So wurden z. B. durch das Änderungsgesetz von 1961 (FN 26) die Anwaltsgebühren in Armensachen um weit über 100 % und für Pflichtverteidigungen teilweise um 50 % erhöht (vgl. § 1 des Gesetzes und BT-Drucks. III/1892, III/2616). Die durch das Änderungsgesetz von 1972 (FN 26) herbeigeführte Erhöhung der Pflichtverteidigergebühren betrug prozentual bis zu 100 % (vgl. BT-Drucks. VI/2644, S. 63, 74; ferner BT-Drucks. VI/3538).

höhungen der Pflichtverteidiger- und Prozeßkostenhilfe(Armenan-
walts-)gebühren berühren aber unmittelbar nur die gegen die Staatskasse gerichteten Gebührenansprüche der Rechtsanwälte[29], weshalb sich
bei ihnen das Problem einer Überschreitung der dem Gesetzgeber etwa
durch das Rückwirkungsverbot gezogenen verfassungsrechtlichen
Schranken nicht stellt.

Nach dieser Negativauslese verbleiben für die Untersuchung nur
noch diejenigen Gesetze, die zumindest im Schwerpunkt die Einführung, Änderung oder Aufhebung von Vorschriften der BRAGO zum
Gegenstand hatten und umfangreichere Belastungen für die betroffenen Bürger brachten, nämlich

(1) das Gesetz zur Änderung und Ergänzung kostenrechtlicher Vor-
    schriften vom 26. Juli 1957[30],

(2) das Gesetz zur Änderung der Bundesgebührenordnung für Rechts-
    anwälte und anderer Gesetze vom 30. Juni 1965[31],

(3) das Gesetz zur Änderung kostenrechtlicher Vorschriften vom
    29. Oktober 1969[32],

(4) das Gesetz zur Änderung des Gerichtskostengesetzes, des Gesetzes
    über Kosten der Gerichtsvollzieher, der Bundesgebührenordnung
    für Rechtsanwälte und anderer Vorschriften vom 20. August 1975[33]
    und

(5) das Fünfte Gesetz zur Änderung der Bundesgebührenordnung für
    Rechtsanwälte vom 18. August 1980[34].

2. Der Inhalt der bisherigen Gebührenerhöhungen im Überblick

Die nach alledem für die Untersuchung verbleibenden Änderungen
der BRAGO zielten (zumindest auch) auf eine Anhebung des Gebührenaufkommens[35]. Sie paßten in unterschiedlichem Ausmaß und in unterschiedlichen Teilbereichen des Gebührenrechts die Anwaltsvergü-

---

[28] So § 3 des Gesetzes von 1961 (FN 26) und Art. 4 § 1 des Gesetzes von 1972
(FN 26); anders aber Art. 5 des Gesetzes von 1980 (FN 26).

[29] Vgl. §§ 97 ff., 121 ff. BRAGO.

[30] BGBl. I, S. 861; im folgenden abgekürzt: KostÄndG 1957.

[31] BGBl. I, S. 577; im folgenden abgekürzt: BRAGOÄndG 1965.

[32] BGBl. I, S. 2049; im folgenden abgekürzt: KostÄndG 1969.

[33] BGBl. I, S. 2189; im folgenden abgekürzt: KostÄndG 1975.

[34] BGBl. I, S. 1503; im folgenden abgekürzt: BRAGOÄndG 1980.

[35] Lediglich beim KostÄndG 1957 (FN 30) stand die Gebührenanhebung
nicht im Vordergrund. Gleichwohl bewirkten auch die mit diesem Gesetz
durchgeführten grundlegenden systematischen Änderungen eine nicht uner-
hebliche Erhöhung des Gebührenaufkommens (vgl. BT-Drucks. II/3378, S. 1;
IV/2955, S. 6).

tung an die allgemeine wirtschaftliche Entwicklung an und zielten insbesondere auf eine Angleichung der Gebühren an steigende Lebens-
haltungskosten und steigende Kanzleiunterhaltskosten (Mieten, Löhne
und Gehälter etc.); außerdem sollten für bestimmte Tätigkeitsbereiche
der Rechtsanwälte Mißverhältnisse zwischen Kostenaufwand und Er-
trag abgebaut werden. Daneben verfolgten die Gesetzesänderungen
teilweise auch noch andere Anliegen, wie etwa die Vereinfachung und
Verbesserung der Fassung von einzelnen Vorschriften, den Wegfall
von Bagatellgebühren, die Ausräumung bzw. gesetzliche Entscheidung
von Streitfragen im Bereich des Gebührenrechts usw. Im einzelnen:

Das *KostÄndG 1957*[36] brachte eine grundlegende Neuordnung des Anwaltsgebührenrechts, die in eine allgemeine Kostenreform eingebettet
war. Mit ihm wurde unter weitgehender Aufhebung des bis dahin geltenden Rechts erstmalig eine umfassende bundeseinheitliche Gebührenordnung geschaffen und das Anwaltskostenrecht an die neuere Rechtsent-
wicklung und die Bedürfnisse der Praxis angepaßt. Neben sprachlichen
Bereinigungen, kostenrechtlichen Vereinfachungen, der Klärung von
Streitfragen und der Beseitigung von Bagatellgebühren führte das
KostÄndG 1957 insbesondere das System der Wertklassen wieder ein
und glich in Strafsachen die seit 1944 im wesentlichen unverändert
gebliebenen Gebühren an die veränderten Verhältnisse an[37]. Obwohl
das Gesetz nicht auf eine allgemeine Gebührenanhebung zielte, bewirkten die mit ihm vorgenommenen umfangreichen Änderungen und Vereinfachungen des bisherigen Kostenrechts auch eine erhebliche Anhebung des Gebührenaufkommens[38].

Gegenstand des *BRAGOÄndG 1965*[39] war neben der gebührenerhöhen-
den Verbesserung zahlreicher einzelner Gebührentatbestände und der
Klärung einzelner Streitfragen vor allem eine allgemeine Gebührenanhebung. Nachdem noch der von der Bundesregierung beschlossene Gesetzentwurf[40] eine sehr maßvolle Anhebung der in der Anlage zu § 11
ausgewiesenen Gebühren vorgesehen hatte, mit der um etwa 60 % hinter den in der ursprünglichen Kabinettsvorlage enthaltenen Vorschlä-
gen zurückgeblieben worden war[41], wurde aufgrund der Empfehlungen
des Rechtsausschusses[42] in das endgültige Gesetz eine wesentlich stär-

---

[36] FN 30.
[37] Siehe dazu im einzelnen: BT-Drucks. II/2545, S. 153 f., 220 ff.; II/3378,
S. 1, 3 ff.
[38] Vgl. die Nachw. in FN 35 und 37.
[39] FN 31.
[40] BT-Drucks. IV/2955.
[41] Vgl. dazu die Stellungnahme des Bundesrates zum Gesetzenwurf der
Bundesregierung, BT-Drucks. IV/2955, S. 14.
[42] BT-Drucks. IV/3389.

kere Gebührenerhöhung als ursprünglich vorgesehen, aufgenommen. Dabei wurden die einzelnen in der Tabelle aufgeführten Gebühren in unterschiedlichem Ausmaß angehoben. Prozentual lag die Erhöhung der Gegenstandswertgebühren in der Spitze bei rund 30 %[43].

Ähnlich wie die allgemeine Gebührenanhebung von 1965 zielte auch das *KostÄndG 1969*[44] auf eine Anpassung der Anwaltsgebühren an die veränderten wirtschaftlichen Verhältnisse. Die Anpassung wurde im wesentlichen durch eine Erhöhung von Teilbereichen der Gegenstandswertgebühren[45], der Rahmengebühren[46] sowie durch eine drastische Anhebung der Gebühren in Armensachen[47] bewirkt[48].

Mit dem *KostÄndG 1975*[49] wurde erstmals seit 1957 wieder eine umfassendere Neuregelung des Anwaltsgebührenrechts vorgenommen. Neben der Verbesserung einzelner Gebührentatbestände, mit denen u. a. einzelne Gebührensätze angehoben, Streitfragen geklärt und sprachliche Umformulierungen vorgenommen wurden, brachte das damalige Änderungsgesetz vor allem eine Anhebung der Gegenstandswertgebühren und der Rahmengebühren[50]. Prozentual bewegten sich die Erhöhungen bei den Gegenstandswertgebühren teilweise im Größenbereich von 90 %[51]; bei den Rahmengebühren in Strafsachen führten die An-

---

[43] So bei dem Gegenstandswert „bis 30 000 DM". Bei den Gegenstandswerten „bis 20 000 DM", „bis 40 000 DM" und „bis 50 000 DM" bewegten sich die prozentualen Erhöhungen bei rund 29 %. Demgegenüber sah noch der ursprüngliche Entwurf der Bundesregierung (FN 40) in diesen Bereichen eine weit geringere Gebührenanhebung von zwischen rund 11 und 12 % vor. Vgl. zu diesen Erhöhungen im einzelnen BT-Drucks. IV/2955, IV/3389 sowie die tabellarische Übersicht in Anhang I.

[44] FN 32.

[45] Vor allem im unteren Gebührenbereich wurden die Gegenstandswertgebühren erheblich angehoben. So wurde beispielsweise durch den Wegfall der Bagatellgebühren für Niedrigstgegenstandswerte bei Gegenstandswerten bis 50 DM eine Erhöhung um 200 % (von 5 DM auf 15 DM) vorgenommen. Bei Gegenstandswerten „bis 300 DM" belief sich die Gebührenanhebung auf rund 58 % (von 19 DM auf 30 DM) und bei Gegenstandswerten „bis 1 000 DM" immerhin noch auf rund 18 % (von 55 DM auf 65 DM). Vgl. dazu auch Anhang II.

[46] Bei den Betragsrahmengebühren wurde der Höchstbetrag um ein Fünftel erhöht.

[47] So z. B. bei einem Gegenstandswert von mehr als 15 000 DM um rund 66 % (von 130 DM auf 216 DM).

[48] Siehe zu der Neuregelung im einzelnen: BT-Drucks. V/4146; V/4387.

[49] FN 33.

[50] Siehe zu den Neuregelungen im einzelnen: BT-Drucks. 7/2016, S. 1, 62, 65 f., 99 ff., 132 f., 142; 7/3243, S. 2, 3 f., 7 ff.; 7/3498, S. 11 ff.; 7/3803, S. 6 f.

[51] Die prozentuale Steigerungsrate betrug z. B. bei einem Gegenstandswert von 20 000 DM rund 83 % (von 420 DM auf 770 DM), bei einem Gegenstandswert von 21 000 DM rund 94 % (von 428 DM auf 830 DM), bei einem Gegenstandswert von 22 000 DM rund 90 % (von 436 DM auf 830 DM), bei einem Gegenstandswert von 30 000 DM 78 % (von 500 DM auf 890 DM) und

hebungen zu einer Erhöhung des Mittelwerts um teilweise weit über 20 %[52].

Die bislang letzte umfangreiche Änderung der BRAGO wurde mit dem *BRAGOÄndG 1980*[53] durchgeführt. Abweichend von dem Gesetzentwurf der Bundesregierung[54], der neben allgemeinen Gebührenerhöhungen auch die Klärung von kostenrechtlichen Streitfragen und — damit verbunden — die Bereinigung und Modifizierung einzelner Gebührentatbestände vorgesehen hatte, wurde auf Empfehlung des Rechtsausschusses[55] mit dem endgültigen Gesetz — von kleineren Änderungen abgesehen — eine Anhebung der Gegenstandswertgebühren im unteren und mittleren Gebührenbereich sowie eine Erhöhung der Rahmengebühren vorgenommen. Die Anhebung der Gegenstandswertgebühren lag z. B. bei einem Gegenstandswert „bis 200 DM" bei 50 % und betrug im unteren Gegenstandswertbereich durchschnittlich 20 %; für Gegenstandswerte zwischen 40 000 DM und 100 000 DM ergaben sich Erhöhungen von etwa 12 %. Bei den Rahmengebühren, also bei den insbesondere in Straf- und Bußgeldverfahren Anwendung findenden Gebühren, belief sich die Erhöhung der in der Praxis besonders bedeutsamen Mittelgebühr auf 21 bis 22 %[56].

Zusammenfassend kann festgehalten werden, daß die bisherigen Anwaltsgebührenerhöhungen sehr unterschiedlich ausgestaltet waren und daß sich den bisherigen Änderungsgesetzen kein allgemeines, vom Gesetzgeber durchgängig beachtetes Prinzip für die Anhebung von Anwaltsgebühren entnehmen läßt. Die Unterschiede betreffen vor allem die gesetzestechnische Ausgestaltung, die Höhe und die zeitliche Abfolge der einzelnen Gebührenanhebungen:

Gesetzestechnisch wurden die Gebührenanhebungen durch verschiedene, teilweise in kombinierter Form verwendete Änderungen bewirkt, nämlich insbesondere durch die Festlegung neuer Rahmengebühren, durch die Neufassung der Gegenstandswertgebühren und durch die Ein-

---

bei einem Gegenstandswert von 31 000 DM rund 87 % (von 508 DM auf 950 DM); vgl. dazu BT-Drucks. 7/3243, S. 7; 7/3498, S. 12. Die vom Rechtsausschuß vorgeschlagene Anhebung der Gegenstandswertgebühren (BT-Drucks. 7/3243, S. 7, 70 ff.) wurde trotz der vom Bundesrat geäußerten Bedenken (BT-Drucks. 7/3498, S. 12) sachlich unverändert in den Antrag des Vermittlungsausschusses (BT-Drucks. 7/3803, S. 6) übernommen. Vgl. dazu auch die tabellarische Übersicht in Anhang III.

[52] Siehe hierzu im einzelnen: BT-Drucks. 7/2016, S. 66, 102 ff.; 7/3243, S. 9 f., 81 ff.; 7/3498, S. 14; 7/3803, S. 7. Vgl. dazu auch die tabellarische Übersicht in Anhang IV.

[53] FN 34.

[54] BT-Drucks. 8/3691.

[55] BT-Drucks. 8/4277.

[56] Siehe dazu im einzelnen: BT-Drucks. 8/4277, insbes. S. 19 f. sowie die tabellarischen Übersichten in Anhang V und VI.

führung neuer bzw. durch die Abänderung einzelner bestehender Gebührentatbestände. Der Höhe nach bewegten sich die teilweise äußerst
sprunghaften Einzelgebührenanhebungen zwischen einigen wenigen
Prozent und 200 %[57], wobei häufig die in den ursprünglichen Gesetz-
entwürfen vorgesehenen Erhöhungen im weiteren Gesetzgebungsverfahren erheblich aufgestockt wurden. Äußerst uneinheitlich fiel schließlich auch die zwischen den einzelnen Änderungsgesetzen liegende Zeit-
spanne aus; sie betrug zwischen vier[58] und acht[59] Jahren.

3. Rückwirkungsrelevante Vorschriften

Das Problem der Rückwirkung von Gesetzen ist ein Problem des zeitlichen Geltungsbereichs von gesetzlichen Neuregelungen[60]. Es beschäftigt sich mit der Auswirkung von neuen Gesetzen auf solche Rechtsverhältnisse und Sachverhalte, die in der Vergangenheit beendet worden
sind oder doch zumindest aus der Vergangenheit herrühren. Im Zusammenhang mit Anwaltsgebührenerhöhungen finden sich Regelungen, die den zeitlichen Geltungsbereich des Gesetzes zum Gegenstand
haben, in den Vorschriften über das Inkrafttreten des Gesetzes und in
den Übergangsvorschriften.

a) Vorschriften über das Inkrafttreten
der Gebührenerhöhungsgesetze

Rückwirkungsprobleme entstehen insbesondere dann, wenn das jeweilige Gesetz den Zeitpunkt seines Inkrafttretens auf einen Tag festlegt, der zeitlich vor dem Tag der Verkündung liegt[61]. Das Gesetz legt
sich nämlich in diesem Fall Geltungskraft auch für die Vergangenheit
bei. Insofern enthalten die bisherigen Gebührenänderungsgesetze jedoch keine bedenklichen Regelungen, da sie — in dem hier interessierenden Zusammenhang — zwischen knapp einem und gut vier Monaten
nach der jeweiligen Verkündung im Bundesgesetzblatt in Kraft getre-
ten sind[62].

---

[57] Siehe oben FN 45. Läßt man diese durch den Wegfall von Bagatellgebühren verursachte außergewöhnlich hohe Anhebung außer Betracht, so
bewegten sich die bisher durchgeführten Maximalerhöhungen immerhin noch
im Größenbereich von 90 % (vgl. oben FN 51).

[58] So der zeitliche Abstand zwischen dem BRAGOÄndG 1965 (FN 31) und
dem KostÄndG 1969 (FN 32).

[59] So der zeitliche Abstand zwischen dem KostÄndG 1957 (FN 30) und dem
BRAGOÄndG 1965 (FN 31).

[60] Dazu eingehender unten B. II. 3. a).

[61] So legte z. B. Art. 19 des am 8. August 1952 im BGBl. veröffentlichten
Gesetzes über Maßnahmen auf dem Gebiet des Kostenrechts vom 7. August
1952 (BGBl. I, S. 401) den Tag seines Inkrafttretens auf den 1. August 1952
fest.

b) Übergangsvorschriften

Unabhängig von der jeweiligen Regelung des Inkrafttretens ergeben sich Rückwirkungsprobleme auch dann, wenn in den Übergangsvorschriften bestimmt wird, daß von dem jeweiligen neuen Gesetz nicht nur zukünftige Rechtsverhältnisse und Sachverhalte erfaßt werden. Der Gesetzgeber kann nämlich in den Übergangsvorschriften beispielsweise anordnen, daß das neue Gesetz auch auf in der Vergangenheit bereits beendete Rechtsverhältnisse anzuwenden ist; derartige Regelungen stehen in ihrer Wirkung solchen Gesetzen, die den Zeitpunkt ihres Inkrafttretens auf einen vor der Verkündung liegenden Tag zurückdatieren, völlig gleich; sie unterscheiden sich lediglich in der gesetzestechnischen Ausgestaltung[63].

Darüber hinaus besitzen Übergangsvorschriften aber vor allem deshalb Rückwirkungsrelevanz, weil sie regelmäßig Aussagen darüber treffen, ob und inwieweit auf Rechtsverhältnisse, die zwar in der Vergangenheit begründet, bei Inkrafttreten des neuen Gesetzes aber noch nicht beendet worden sind, das neue Recht Anwendung finden soll. Im Bereich des Anwaltsgebührenrechts wird mit derartigen Übergangsvorschriften insbesondere die Frage geklärt, ob von der Gebührenerhöhung nur zukünftige, im Zeitpunkt ihres Inkrafttretens noch nicht begonnene bzw. eingegangene Prozeßrechtsverhältnisse und Anwaltsverträge erfaßt werden sollen, oder ob in den zeitlichen Geltungsbereich der Neuregelung auch laufende Angelegenheiten einbezogen werden sollen. Als Zäsur für die Anwendung des alten und des neuen Rechts bieten sich bei den Anwaltsgebührenerhöhungen u. a. die Erteilung des Auftrags an den Rechtsanwalt, die Entstehung, Fälligkeit, Festsetzung, Einforderung, Erfüllung und Erfüllbarkeit der Gesamtgebühren, einzelner Gebühren und Gebührenanteile sowie der Abschluß der Instanz oder des Prozesses an[64]. Aus dieser nur beispielhaften Aufzählung von möglichen Anknüpfungspunkten ergeben sich für

---

[62] KostÄndG 1957 (FN 30) — Verkündung im BGBl.: 6. August 1957, Tag des Inkrafttretens: 1. Oktober 1957;
BRAGOÄndG 1965 (FN 31) — Verkündung im BGBl.: 6. Juli 1965, Tag des Inkrafttretens: 1. Oktober 1965;
KostÄndG 1969 (FN 32) — Verkündung im BGBl.: 4. November 1969, Tag des Inkrafttretens: 1. Januar 1970;
KostÄndG 1975 (FN 33) — Verkündung im BGBl.: 21. August 1975, Tag des Inkrafttretens: 15. September 1975;
BRAGOÄndG 1980 (FN 34) — Verkündung im BGBl.: 26. August 1980, Tag des Inkrafttretens: 1. Januar 1981.

[63] Vgl. *V. Götz*, Bundesverfassungsgericht und Vertrauensschutz, in: C. Starck (Hrsg.), Bundesverfassungsgericht und Grundgesetz, Festgabe aus Anlaß des 25jährigen Bestehens des Bundesverfassungsgerichts, Bd. 2, Tübingen 1976, S. 421 ff. (S. 426 ff.).

[64] Vgl. BVerfGE 11, 139 (146 f.).

die Ausgestaltung der Übergangsvorschriften vielfältige Variationsmöglichkeiten.

aa) Typologie bislang verwendeter Übergangsvorschriften

Der Gesetzgeber hat sich bei den bisherigen Änderungen des Anwaltsgebührenrechts unterschiedlicher Übergangsregelungen bedient.
Vernachlässigt man geringfügige sprachliche, systematische und sachliche Abweichungen, so haben bislang im wesentlichen zwei Typen von
Übergangsregelungen Verwendung gefunden. Beide Arten von Übergangsvorschriften regeln das Recht der vor Inkrafttreten des neuen
Gesetzes begründeten Rechtsbeziehungen und begonnenen Tatbestände
unterschiedlich.

aaa) Übergangsregelung (1)

Der erste — im folgenden als „Übergangsregelung (1)" bezeichnete —
Typ von Übergangsvorschriften unterwirft die im Zeitpunkt des Inkrafttretens des neuen Gesetzes bereits laufenden Angelegenheiten
tendenziell dem Anwendungsbereich des neuen Rechts. Musterbeispiel
für diese Übergangslösung ist Art. 1 Nr. 30 BRAGOÄndG 1980[65]:

> „(1) In gerichtlichen Verfahren sind in einem Rechtszug, der vor dem (In
> krafttreten dieses Gesetzes) begonnen hat, die Gebühren und Auslagen
> nach neuem Recht zu berechnen, soweit der Rechtszug nicht vor dem
> (Inkrafttreten dieses Gesetzes) beendigt war; dabei gilt der Rechtszug
> auch als beendigt, wenn eine Entscheidung, welche die gerichtliche
> Instanz abschließt, verkündet oder, falls eine Verkündung nicht stattge
> funden hat, zugestellt oder sonst erlassen worden ist. Ruht das Verfah
> ren (beim Inkrafttreten dieses Gesetzes) oder ist es in diesem Zeitpunkt
> ausgesetzt oder unterbrochen, so sind die Gebühren und Auslagen nach
> dem bisherigen Recht zu berechnen, es sei denn, daß das Verfahren nach
> diesem Zeitpunkt aufgenommen wird.
>
> (2) Im übrigen sind die Gebühren und Auslagen in Angelegenheiten, die
> vor dem (Inkrafttreten dieses Gesetzes) begonnen haben, nach neuem
> Recht zu berechnen, soweit die Angelegenheit nicht vor dem (Inkraft
> treten dieses Gesetzes) beendigt war."[66, 67]

---

[65] a. a. O. (FN 34), S. 1506.

[66] Die Klammerzusätze ersetzen jeweils den in Art. 1 Nr. 30 BRAGOÄndG
1980 enthaltenen konkreten Zeitpunkt des Inkrafttretens des damaligen Gesetzes, also den 1. Januar 1981.

[67] Gesetzestechnisch teilweise anders gefaßte, der Sache nach in dem hier
interessierenden Zusammenhang im wesentlichen aber gleichbedeutende
Übergangsregelungen enthalten: Art. 3 § 1 BRAGOÄndG 1965 (FN 31), Art. 3
§ 1 KostÄndG 1969 (FN 32) und Art. 5 § 1 Abs. 1 und 2 des von der Bundesregierung beschlossenen Entwurfs eines Gesetzes zur Änderung des Gerichtskostengesetzes, des Gesetzes über die Kosten der Gerichtsvollzieher, der
Bundesgebührenordnung für Rechtsanwälte und anderer Vorschriften vom
22. April 1974 (BT-Drucks. 7/2016, S. 60 f.).
Entsprechende bzw. in dem hier interessierenden Zusammenhang vergleichbare Übergangsvorschriften enthalten ferner: § 3 des Gesetzes zur

bbb) Übergangsregelung (2)

Demgegenüber bleibt nach dem zweiten — im folgenden als „Übergangsregelung (2)" bezeichneten — Typ von Übergangsvorschriften bei der Berechnung der Anwaltsgebühren für die im Zeitpunkt des Inkrafttretens des neuen Gesetzes bereits laufenden Angelegenheiten tendenziell das alte Recht maßgebend. Als Musterbeispiel für diese Übergangslösung kann Art. 5 § 2 Abs. 4 KostÄndG 1975[68] gelten:

„Für Gebühren der Rechtsanwälte gilt das bisherige Recht, wenn vor dem Inkrafttreten dieses Gesetzes der Auftrag erteilt oder der Rechtsanwalt als Armenanwalt oder nach § 11 a des Arbeitsgerichtsgesetzes beigeordnet oder in einer Strafsache gerichtlich bestellt oder beigeordnet worden ist. Dies gilt nicht im Verfahren über eine Berufung, eine Revision oder über eine Beschwerde gegen eine den Rechtszug beendigende Entscheidung, wenn das Rechtsmittel nach dem Inkrafttreten dieses Gesetzes eingelegt worden ist. Für die vor dem Inkrafttreten dieses Gesetzes entstandenen Auslagen des Rechtsanwalts gilt das bisherige Recht."[69]

bb) Gemeinsamkeiten und Unterschiede
der bislang verwendeten Übergangsvorschriften

Beide Übergangsregelungen haben die Gemeinsamkeit, daß sie die in der Vergangenheit begonnenen Angelegenheiten nicht generell und pauschal dem Geltungsbereich des alten oder des neuen Rechts unterstellen, sondern die Problematik der Überleitung bestehender Rechtsverhältnisse einer differenzierenden Lösung zuführen. Gemeinsam ist beiden Arten von Übergangsvorschriften ferner, daß sie bei der Behandlung der laufenden Angelegenheiten zwischen gerichtlichen Ver-

---

Änderung der Bundesgebührenordnung für Rechtsanwälte und des Gerichtskostengesetzes vom 19. Juni 1961 (BGBl. I, S. 769) und Art. 4 § 1 des Gesetzes zur Änderung der Bundesrechtsanwaltsordnung, der Bundesgebührenordnung für Rechtsanwälte und anderer Vorschriften vom 24. Oktober 1972 (BGBl. I, S. 2013). Vgl. ferner *A. Mümmler*, JurBüro 1980, Sp. 1761 ff. (Sp. 1769 f. m. weit. Nachw. in FN 21).

[68] a. a. O. (FN 33), S. 2243.

[69] Eine gleichlautende Übergangsregelung enthält Art. XI § 3 Abs. 4 KostÄndG 1957 (FN 30). Vgl. hierzu auch die noch in Art. 1 Nr. 32 des von der Bundesregierung beschlossenen Entwurfs eines Gesetzes zur Änderung der Bundesgebührenordnung für Rechtsanwälte (BT-Drucks. 8/3691, S. 7), enthaltene, in das BRAGOÄndG 1980 (FN 34) auf Empfehlung des Rechtsausschusses (BT-Drucks. 8/4277, S. 13 f., 21) allerdings nicht aufgenommene Übergangsvorschrift: „Für die Gebühren gilt das bis zum ... geltende Recht, wenn während seiner Geltung der unbedingte Auftrag für eine Tätigkeit, die der Erledigung derselben Angelegenheit im Sinne des § 13 dient, erteilt oder der Rechtsanwalt gerichtlich beigeordnet oder bestellt worden ist. Für Gebühren, die sich nach zusammengerechneten Gegenständen bemessen, gilt das bisherige Recht auch dann, wenn die Voraussetzungen des Satzes 1 nur hinsichtlich eines der Gegenstände vorliegen." Mit dieser Vorschrift wurde dieselbe Zielsetzung verfolgt wie mit der Übergangsregelung des KostÄndG 1975 (vgl. BT-Drucks. 8/3691, S. 20 f.). Vgl. ferner Art. 5 des Gesetzes über die Prozeßkostenhilfe vom 13. Juli 1980 (BGBl. I, S. 677), der eine vergleichbare Übergangsregelung enthält.

fahren und sonstigen Angelegenheiten unterscheiden[70] und an diese Differenzierung teilweise unterschiedliche Rechtsfolgen anknüpfen. Dabei stimmen beide Übergangsregelungen darin überein, daß sie bei Inkrafttreten der Gebührenerhöhung bereits beendigte Rechtszüge (gerichtliche Instanzen) und bereits beendigte sonstige Angelegenheiten von dem Anwendungsbereich des neuen Rechts ausnehmen. Übereinstimmend unterwerfen beide Übergangsregelungen außerdem die im Zeitpunkt des Inkrafttretens noch nicht begonnenen Rechtsmittelinstanzen dem Anwendungsbereich des neuen Gebührenrechts.

Im übrigen weisen die beiden Übergangsvorschriften grundlegende und tiefgreifende Unterschiede auf. Sie unterscheiden sich vor allem dadurch, daß sie bei der Abgrenzung der Anwendungsbereiche von altem und neuem Recht auf verschiedene Punkte des zeitlichen Geschehensablaufs abstellen:

Anknüpfungspunkt der *Übergangsregelung (1)* ist die *Beendigung der jeweiligen Angelegenheit*. Mit der Verwendung dieser Übergangslösung unterstellt der Gesetzgeber die bei Inkrafttreten des neuen Gesetzes laufenden Angelegenheiten grundsätzlich dem neuen Recht. Abgesehen von Sonderregelungen für das Ruhen, die Aussetzung und die Unterbrechung des Verfahrens bleibt das alte Gebührenrecht nur ausnahmsweise anwendbar, soweit der Rechtszug (die gerichtliche Instanz)[71] bzw. die sonstige Angelegenheit vor dem Inkrafttreten des Gebührenerhöhungsgesetzes beendigt war. Für die laufenden Angelegenheiten ergeben sich also grundsätzlich höhere Gebühren als bisher; nur in den aufgezählten Ausnahmefällen bleibt für die Gebührenberechnung das alte Recht maßgebend.

Demgegenüber stellt die *Übergangsregelung (2)* auf den *Beginn der Angelegenheit*[72] ab. Sie nimmt die bei Inkrafttreten des neuen Gesetzes bereits laufenden Angelegenheiten grundsätzlich vom Anwendungsbe-

---

[70] Die Unterscheidung zwischen gerichtlichen Verfahren und sonstigen Angelegenheiten kommt bei der Übergangsregelung (1) deutlicher zum Ausdruck als bei der Übergangsregelung (2). Während erstere nämlich bereits gesetzestechnisch zwischen den „gerichtlichen Verfahren" (Abs. 1) und den übrigen Angelegenheiten (Abs. 2) unterscheidet, ergibt sich bei letzterer die Differenzierung erst aus dem Satz: „Dies gilt nicht im Verfahren über eine Berufung, eine Revision oder über eine Beschwerde gegen eine den Rechtszug beendigende Entscheidung, wenn das Rechtsmittel nach dem Inkrafttreten dieses Gesetzes eingelegt worden ist", der für gerichtliche Verfahren eine von dem in der Übergangsvorschrift enthaltenen Grundsatz abweichende Sonderregelung schafft.

[71] Zum Begriff des „Rechtszuges" im Sinn der Übergangsregelung (1) siehe A. *Mümmler*, JurBüro 1980, Sp. 1761 ff. (Sp. 1770) und W. *Gerold* / H. *Schmidt* (FN 10), Rdnr. 2 und 3 zu § 134.

[72] Die Anknüpfungspunkte sind je nach Art des betroffenen Rechtsverhältnisses unterschiedlich gewählt, betreffen aber im wesentlichen den Beginn des jeweiligen Rechtsverhältnisses.

reich des neuen Rechts aus, was zur Folge hat, daß die Anwaltsgebühren insoweit unverändert nach altem Recht zu berechnen sind. Lediglich in enumerativ aufgeführten Ausnahmefällen ist das neue Recht anwendbar, nämlich dann, wenn im Berufungs-, Revisions- oder Beschwerdeverfahren gegen eine den Rechtszug beendigende Entscheidung das Rechtsmittel nach Inkrafttreten des neuen Gebührenrechts eingelegt worden ist. Anders als bei der Übergangsregelung (1) bleiben bei der Übergangsregelung (2) also — abgesehen von den noch nicht begonnenen Rechtsmittelinstanzen — die laufenden Angelegenheiten von der Gebührenerhöhung grundsätzlich unberührt.

Die Wahl unterschiedlicher Anknüpfungspunkte führt demnach im praktischen Ergebnis also dazu, daß die Gebühren in laufenden Angelegenheiten bei Verwendung der Übergangsregelung (1) grundsätzlich nach neuem Recht zu berechnen sind, während ihre Berechnung bei Verwendung der Übergangsregelung (2) grundsätzlich nach altem Recht erfolgt.

cc) Gründe für die Wahl der jeweiligen Übergangsvorschrift

Bei den seit der grundlegenden Gebührenrechtsreform von 1957 durchgeführten Gebührenerhöhungen hat der Gesetzgeber in drei Fällen[73] die Übergangsregelung (1) und in zwei Fällen[74] die Übergangsregelung (2) verwendet; in jeweils einem Fall wurde während des Gesetzgebungsverfahrens[75] die im ursprünglichen Gesetzentwurf enthaltene Übergangsregelung durch die jeweils andere Übergangsregelung ersetzt[76]. Obwohl die beiden Übergangsregelungen offensichtlich in unterschiedlichem Umfang auf die bei Inkrafttreten einer Gebührenerhöhung bereits laufenden Angelegenheiten Rücksicht nehmen, enthalten die Gesetzgebungsmaterialien nur zum Teil Ausführungen zur Problematik rückwirkender Anwaltsgebührenerhöhungen:

Entweder keine[77] oder nur sehr kurze Begründungen lassen sich den Motiven regelmäßig dann entnehmen, wenn in das jeweilige Gesetz

---

[73] Nachw. oben in FN 65 und 67. Die Gebührenerhöhungen von 1961 und 1972 müssen außer Betracht bleiben, weil sie im wesentlichen nur gegen die Staatskasse gerichtete Gebührenansprüche betrafen; bei ihnen stellt sich das Problem verfassungsrechtlich bedenklicher Rückwirkungen nicht. Vgl. dazu bereits oben B. I. 1.

[74] Nachw. oben in FN 68 und 69.

[75] Siehe dazu im einzelnen: Stenographisches Protokoll über die 53. Sitzung des Rechtsausschusses am 29. Januar 1975, S. 14 ff.; Stenographisches Protokoll über die 99. Sitzung des Rechtsausschusses am 18. Juni 1980, S. 12 f.

[76] Vgl. FN 67 und 69.

[77] So finden sich weder in dem Gesetzentwurf (BT-Drucks. V/4146) zum KostÄndG 1969 (FN 32) noch in dem hierzu erstellten schriftlichen Bericht und der Beschlußempfehlung des Rechtsausschusses (BT-Drucks. V/4387) Begründungen für die Wahl der Übergangsregelung (1).

die *Übergangsregelung (1)* aufgenommen wurde. Teilweise weisen die Materialien lediglich darauf hin, daß es angemessen erscheine, auch in laufenden Angelegenheiten die Gebühren nach den erhöhten Sätzen bzw. den neuen Vorschriften zu gewähren, weil die Anwaltsgebühren an die veränderten Verhältnisse angepaßt werden sollten[78]. Teilweise wurde die Übergangsregelung (1) gewählt, „um zu vermeiden, daß noch für eine längere Zeit sowohl das frühere als auch das neue Recht angewendet werden muß"[79]. Vielfach wird in den Motiven der späteren Gesetze ergänzend darauf hingewiesen, daß sich die gewählte Übergangsvorschrift an die Überleitungsregelung früherer Gesetze anlehne[80]. Als bei der jüngsten Gebührenerhöhung[81] die im ursprünglichen Gesetzentwurf[82] enthaltene Übergangsregelung (2) durch die Übergangsregelung (1) ersetzt wurde[83], wurde dies lediglich damit begründet, daß die neuen Gebühren möglichst bald wirksam werden sollten[84]. Neben diesen Billigkeits- und Praktikabilitätserwägungen lassen die Gesetzgebungsmaterialien — soweit ersichtlich — keine weiteren Gesichtspunkte erkennen, die für die Wahl der Übergangsregelung (1) entscheidend waren; insbesondere findet sich keine ausdrückliche Auseinandersetzung mit der hinter dieser Übergangslösung stehenden Rückwirkungsproblematik[85].

Demgegenüber setzen sich die Gesetzgebungsmaterialien regelmäßig dann eingehender mit der Rückwirkungsproblematik auseinander, wenn die *Übergangsregelung (2)* in das jeweilige Gebührenerhöhungs-

---

[78] So die Begründung eines Gesetzes zur Änderung der Bundesgebührenordnung für Rechtsanwälte und anderer Gesetze vom 18. Januar 1965, BT-Drucks. IV/2955, S. 10; vgl. auch die Begründung zum Entwurf eines Gesetzes zur Änderung der Bundesgebührenordnung für Rechtsanwälte und des Gerichtskostengesetzes vom 31. Mai 1960, BT-Drucks. III/1892, S. 4.

[79] BT-Drucks. 7/2016, S. 119; vgl. auch BT-Drucks. VI/2644, S. 66.

[80] So in BT-Drucks. IV/2955, S. 10; vgl. auch BT-Drucks. VI/2644, S. 66; 7/2016, S. 119 und das Stenographische Protokoll über die 99. Sitzung des Rechtsausschusses am 18. Juni 1980, S. 13.

[81] BRAGOÄndG 1980 (FN 34).

[82] Entwurf eines Gesetzes zur Änderung der Bundesgebührenordnung für Rechtsanwälte vom 22. Februar 1980, BT-Drucks. 8/3691.

[83] Soweit ersichtlich ist die Ersetzung der Übergangsregelung (2) durch die Übergangsregelung (1) — nachdem sie bereits in der Stellungnahme des Gebührenrechtsausschusses des Deutschen Anwaltsvereins vom 16. März 1980, S. 43 f. angeregt worden war — erstmalig von den Berichterstattern des Rechtsausschusses vorgeschlagen worden. Vgl. Stenographisches Protokoll über die 99. Sitzung des Rechtsausschusses am 18. Juni 1980, S. 12 f. nebst Anlage 2, S. 16; BT-Drucks. 8/4277, S. 21; Verhandlungen des Deutschen Bundestages, 8. Wahlperiode, Bd. 116, S. 18301 (D).

[84] BT-Drucks. 8/4277, S. 21. Das Stenographische Protokoll (FN 83) enthält keine Ausführungen, die in dem hier interessierenden Zusammenhang weitere Aufschlüsse zu geben vermögen.

[85] Vgl. hierzu neben den bereits ausgewiesenen Gesetzgebungsmaterialien insbesondere: BT-Drucks. III/2616, S. 2 und 5; IV/3389, S. 5 und 15 f.; VI/3538.

gesetz aufgenommen wurde; in diesen Fällen beschäftigte sich der Gesetzgeber insbesondere auch vertieft mit dem Problem des rückwirkenden Eingriffs in laufende Angelegenheiten[86]. Im einzelnen:

Die Motive zu dem KostÄndG 1957[87] weisen ausdrücklich darauf hin,
daß Übergangsvorschriften, nach denen das neue Recht auf vor seinem
Inkrafttreten anhängig gewordene Rechtsstreitigkeiten anzuwenden
ist, Rückwirkung entfalten, weil danach auch die Kosten, die schon vor
dem Inkrafttreten des Gesetzes entstanden sind, nach neuem Recht zu
berechnen seien. Die damalige Gesetzesbegründung hielt solche Übergangsvorschriften zwar für zweckmäßig, wenn eine Kostenerhöhung
sofort wirksam werden solle. Für das damals zur Verabschiedung anstehende Gesetz nahm man aber von einer derartigen Übergangsvorschrift Abstand, weil das Gesetz nicht eine allgemeine Erhöhung der
Kosten vorsah, „sondern eine strukturelle *Änderung des Kostenrechts*"[88]. Ganz bewußt wurde deshalb ein „Eingriff in laufende Geschäftsbesorgungsverträge" vermieden; lediglich dann, wenn nach dem
Inkrafttreten des Gesetzes ein Rechtsmittel eingelegt wird, sollte nach
dem Entwurf neues Recht gelten, „weil vor der Einlegung des Rechtsmittels regelmäßig neue Entschlüsse zu fassen" seien[89].

In den Beratungen des Rechtsausschusses zum KostÄndG 1975[90] wurde — nachdem der ursprüngliche Gesetzentwurf noch die Übergangsregelung (1) vorgesehen hatte[91] — die Verwendung der Übergangsregelung (2) gerade im Hinblick auf verfassungsrechtliche Grenzen der unechten Rückwirkung für notwendig erachtet. Ein Beratungsteilnehmer
vertrat damals die Auffassung, es „ließe sich durchaus annehmen", daß
die ursprünglich vorgesehene Rückwirkung verfassungsrechtlich unzulässig sei, weil „die ins Auge gefaßte Gebührenerhöhung aus dem Rahmen der vorhersehbaren Entwicklung des Gebührenrechts falle". Der
Abgeordnete *Kleinert* vertrat zwar die Ansicht, daß der vom *BVerfG*
gezogene Rahmen für rückwirkende Gebührenerhöhungen durch die
Gebühren*höhe* nicht überschritten sei, meinte aber, daß die Novelle
auch *strukturelle Änderungen* enthalte, „mit denen der Betroffene
nach der Rechtsprechung des Bundesverfassungsgerichts weniger hätte

---

[86] BT-Drucks. II/2545, S. 285 f.; 7/3243, S. 15 (siehe hierzu auch das Stenographische Protokoll über die 53. Sitzung des Rechtsausschusses am 29. Januar 1975, S. 14 ff.). Vgl. ferner die Begründung zum Entwurf eines Gesetzes
zur Änderung der Bundesgebührenordnung für Rechtsanwälte vom 22. Februar 1980, BT-Drucks. 8/3691, S. 20 f.

[87] FN 30.

[88] BT-Drucks. II/2545, S. 285; Hervorhebung hinzugefügt.

[89] a. a. O. (FN 88), S. 286.

[90] FN 33.

[91] BT-Drucks. 7/2016.

zu rechnen brauchen"[92]. Wegen dieser verfassungsrechtlichen Bedenken hatte der Rechtsausschuß in seine Empfehlungen schließlich eine Übergangsvorschrift vom Typ der Übergangsregelung (2) aufgenommen[93], die in dieser Form später vom Bundestag verabschiedet wurde[94]. In dem Bericht an den Bundestag wurde dies damit begründet, daß der Ausschuß „die im Gesetzesentwurf vorgesehene Lösung nicht für angebracht (halte), da durch das vorliegende Gesetz neue *Gebührentatbestände* eingeführt werden. Der Nachteil, daß über längere Zeit hinweg das alte und das neue Recht nebeneinander anzuwenden sein wird, ist nach Ansicht des Ausschusses in Kauf zu nehmen"[95].

Mit ähnlichen Erwägungen wurde die im Entwurf eines Gesetzes zur Änderung der Bundesgebührenordnung für Rechtsanwälte vom 22. Februar 1980[96] enthaltene Übergangsregelung (2) begründet. Obwohl dies für eine gewisse Zeit zu einem Nebeneinander des bisherigen und des neuen Rechts führte, wurde eine Übergangslösung vom Typ der Übergangsregelung (2) gewählt, weil man einen Eingriff in bestehende Vertragsverhältnisse vermeiden wollte; entscheidender Anknüpfungspunkt für die Zäsur von altem und neuem Recht sollte dabei die unbedingte Auftragserteilung an den Rechtsanwalt sein. Im übrigen war nach den Ausführungen des Entwurfs die Verwendung der Übergangsregelung (2) auch deshalb geboten, weil andernfalls „gewisse Sachverhalte, die nach Auffassung eines Teils der Rechtsprechung keine Erörterungsgebühr entstehen ließen, rückwirkend mit einer Gebühr belegt würden"[97, 98].

Insgesamt vermittelt der Überblick über die Motive zu den bisherigen Gebührenerhöhungen den Eindruck, daß sich der Gesetzgeber bei der Wahl der Übergangsvorschriften im allgemeinen zwar durchaus der damit verbundenen Rückwirkungsproblematik bewußt war, diese aber nur teilweise in seine Überlegungen umfassend miteinbezogen hat:

---

[92] Stenographisches Protokoll über die 53. Sitzung des Rechtsausschusses am 29. Januar 1975, S. 14 ff.

[93] BT-Drucks. 7/3243, S. 118 f.

[94] Verhandlungen des Deutschen Bundestages, 7. Wahlperiode, Bd. 94, S. 12733 (D).

[95] BT-Drucks. 7/3243, S. 15, Klammerzusatz und Hervorhebung hinzugefügt.

[96] BT-Drucks. 8/3691.

[97] a. a. O. (FN 96), S. 20 f.

[98] Die von den Berichterstattern des Rechtsausschusses vorgeschlagene und im endgültigen Gesetz vorgenommene Ersetzung der Übergangsregelung (2) durch die Übergangsregelung (1) wurde — soweit ersichtlich — im Rechtsausschuß selbst unter dem Gesichtspunkt des Rückwirkungsverbots nicht diskutiert. Vgl. dazu das Stenographische Protokoll über die 99. Sitzung des Rechtsausschusses am 18. Juni 1980, S. 12 f. und oben FN 83.

Soweit er die Übergangsregelung (1) gewählt hat, wurde diese Entscheidung alternativ oder kumulativ vor allem auf Billigkeits- und Praktikabilitätserwägungen gestützt; die (verfassungsrechtliche) Problematik des Eingriffs in laufende Angelegenheiten wurde in all diesen Fällen allenfalls kurz angedeutet, aber in keinem Fall eingehender behandelt.

Soweit der Gesetzgeber dagegen die Übergangsregelung (2) in das jeweilige Gesetz aufgenommen hat, enthalten die Begründungen eine intensivere Auseinandersetzung mit der Rückwirkungsproblematik. In all diesen Fällen traten allgemeine Praktikabilitätserwägungen zugunsten der Vermeidung eines Eingriffs in laufende Angelegenheiten zurück. Den Gesetzesmaterialien lassen sich in diesem Zusammenhang insbesondere auch Hinweise darauf entnehmen, wann von dem Gesetzgeber selbst ein Eingriff in laufende Angelegenheiten zumindest als verfassungrechtlich problematisch angesehen wurde, nämlich

(1) bei strukturellen Änderungen des Gebührenrechts,

(2) bei Einführung neuer Gebührentatbestände,

(3) bei einer „hohen", also umfangreichen Gebührenanhebung und schließlich

(4) bei der gesetzlichen Entscheidung von umstrittenen Gebührenrechtsfragen, die „gewisse Sachverhalte" rückwirkend mit einer Gebühr belegen.

4. Auswirkungen von nachträglichen Gebührenerhöhungen auf abgeschlossene und laufende Rechtsbeziehungen und Sachverhalte

a) Betroffene Rechtsverhältnisse und Sachverhalte

Werden keine abweichenden Vereinbarungen getroffen, so bemißt sich die Höhe der Anwaltsvergütung grundsätzlich nach der BRAGO[99]. Dementsprechend ist die durch die BRAGO festgelegte Anwaltsvergütung für alle Dispositionen des Bürgers, welche (zumindest auch) die Verpflichtung zur Zahlung von Anwaltsgebühren auslösen oder auslösen können, von (mit-)entscheidender Bedeutung. Bei all diesen Dispositionen bildet der durch die BRAGO geschaffene Rechtszustand eine wesentliche Grundlage für das Verhalten und die Entscheidungen des Bürgers.

Änderungen der BRAGO, mit denen rückwirkend die Anwaltsgebühren erhöht werden, wirken demnach je nach Ausgestaltung der Rückwirkungsanordnung auf alle jene unter der Geltung des alten Rechts bereits abgeschlossenen oder begonnenen Rechtsverhältnisse und Sach-

---

[99] Vgl. § 1 Abs. 1 BRAGO und oben B. I. 1.

verhalte ein, die (zumindest auch) die gesetzliche Vergütung der Rechtsanwälte zum Gegenstand haben. Durch diese nachträglichen Einwirkungen werden den Gebühren- bzw. Kostenschuldnern sowie denjenigen, die zur Tragung der Anwaltsvergütung verpflichtet sind, gegenüber dem bisherigen, den ursprünglichen Dispositionen zugrundegelegten Recht dem Betrag nach höhere Gebühren und damit höhere Zahlungsverpflichtungen auferlegt.

Abgesehen von den Fällen, in denen die Anwaltsvergütung letztlich von der Staatskasse geschuldet wird und in denen sich deshalb die verfassungsrechtliche Problematik des Verbots rückwirkender belastender Eingriffe in Rechtspositionen Privater nicht stellt[100], kommen als Rechtsverhältnisse, die von nachträglichen gesetzlichen Gebührenanhebungen betroffen werden, vor allem die zwischen den rat- und rechtsschutzsuchenden Bürgern und den Rechtsanwälten geschlossenen Verträge sowie die Prozeßrechtsverhältnisse in Betracht. Obwohl sich Gebührenerhöhungen in diesen Rechtsverhältnissen im Ergebnis gleichermaßen einseitig-belastend auswirken, bestehen zwischen den einzelnen Rechtsverhältnissen doch gewichtige Unterschiede, die eine differenzierende Betrachtung erforderlich machen.

aa) Anwaltsverträge

Wenngleich das gerichtliche Verfahren einen der Schwerpunkte der BRAGO bildet, stellt die BRAGO doch auch dann die Bemessungsgrundlagen für die Höhe der Anwaltsvergütung bereit, wenn der Anwalt im Vorfeld oder außerhalb eines Prozesses oder auch ohne jeglichen Bezug zu einem gerichtlichen Verfahren tätig wird[101]. Derartige anwaltliche Tätigkeiten dienen in der Regel der Erfüllung eines zwischen dem Rechtsanwalt und einem rechtsuchenden Bürger geschlossenen Vertrages, durch den sich der Anwalt z. B. zur Erteilung einer Rechtsauskunft oder eines Rates, zur Erstellung eines Gutachtens über die Erfolgsaussichten einer Berufung oder Revision, zur Ausarbeitung eines sonstigen schriftlichen Gutachtens, zur Mitwirkung beim Abschluß eines Vergleichs, beim Aushandeln eines Vertrages oder bei der Regulierung eines Schadens oder zu sonstigen anwaltlichen Tätigkeiten wie etwa Zahlungsaufforderungen, Mahnungen und Kündigungen verpflichtet hat.

Ist in diesen Verträgen, die je nach Vertragsinhalt dem Typ des Dienstvertrages oder des Werkvertrages zuzuordnen sind[102], keine Ver-

---

[100] Siehe dazu bereits oben B. I. 1.

[101] Siehe z. B. §§ 20, 21, 21 a, 23, 120 BRAGO; vgl. auch §§ 8, 118 BRAGO.

[102] Vgl. *O. Palandt / H. Putzo*, Bürgerliches Gesetzbuch, Kommentar, 43. Auflage, München 1984, Einführung 2. a. ee vor § 611; *O. Jauernig / P. Schlecht-*

gütungsvereinbarung getroffen, so gilt eine Vergütung als stillschweigend vereinbart, weil Rechtsanwaltsleistungen regelmäßig nur gegen Vergütung zu erwarten sind[103]. Dabei ist hinsichtlich der Höhe der Vergütung „bei dem Bestehen einer Taxe die taxmäßige Vergütung ... als vereinbart anzusehen"[104]. Taxe in diesem Sinne ist die BRAGO, welche die „gesetzliche Vergütung"[105] der Rechtsanwälte festlegt[106].

Regelmäßig sind damit im Zeitpunkt des Vertragsschlusses sämtliche sich für die Parteien aus dem Vertrag ergebenden Rechte und Pflichten konkret bestimmt oder doch zumindest anhand der die ausdrücklichen Parteivereinbarungen ergänzenden Vorschriften des dispositiven[107] Gesetzesrechts konkret bestimmbar: Die Leistungsverpflichtung des Rechtsanwalts (Inhalt und Umfang des anwaltlichen Tätigwerdens) ergibt sich unmittelbar aus der getroffenen schuldrechtlichen Vereinbarung, der Umfang der Gegenleistung (Zahlungsverpflichtung) aus der BRAGO. Ist der Rechtsanwalt z. B. aufgrund des zwischen den Parteien geschlossenen Vertrages zur Erstellung eines Gutachtens über die Erfolgsaussichten einer Berufung verpflichtet, so ist der Vertragspartner seinerseits gemäß § 21 a BRAGO grundsätzlich zur Zahlung der vollen Gebühr nach § 11 Abs. 1 Satz 2 BRAGO verpflichtet; Leistung und Ge

---

riem, Bürgerliches Gesetzbuch, Kommentar, 2. Aufl., München 1981, Vorbemerkung I. 7. b vor § 611; *F. Riedel / H. Sußbauer* (FN 13), Rdnr. 3 zu § 1.

[103] §§ 612 Abs. 1, 632 Abs. 1 BGB; vgl. *W. Gerold / H. Schmidt* (FN 10), Rdnr. 26 zu § 1; *F. Riedel / H. Sußbauer* (FN 13), Rdnr. 4 zu § 1.

[104] §§ 612 Abs. 2, 632 Abs. 2 BGB; siehe dazu aber auch FN 106.

[105] Vgl. §§ 1 Abs. 1, 3 Abs. 1 Satz 1 BRAGO.

[106] So die ganz überwiegende Meinung: *O. Palandt / H. Putzo* (FN 102), Anm. 3. a zu § 612 und Anm. 3. a zu § 632; *G. Schaub*, in: Münchener Kommentar zum Bürgerlichen Gesetzbuch, Bd. 3, 1. Halbbd., München 1980, Rdnr. 212 zu § 612; *H. Soergel / W. Siebert / A. Kraft*, Bürgerliches Gesetzbuch, Bd. 3, 11. Aufl., Stuttgart u. a. 1980, Rdnr. 12 zu § 612; *W. Erman / G. Küchenhoff*, Handkommentar zum Bürgerlichen Gesetzbuch, 7. Aufl., Münster 1981, Rdnr. 73 zu § 612; *J. v. Staudinger / H. Nipperdey / H. Mohnen / D. Neumann*, Kommentar zum Bürgerlichen Gesetzbuch, II. Teil, 11. Aufl., Berlin 1958, Rdnr. 25 ff. zu § 612; *R. Wassermann / P. Derleder*, Kommentar zum Bürgerlichen Gesetzbuch, Bd. 3, Neuwied u. a. 1979, Rdnr. 2 zu § 612; *G. Baumgärtel*, Zur Frage der Eintrittspflicht des Rechtsschutzversicherers im Falle eines Freispruchs i. S. des § 467 StPO, VersR 1973, S. 681 ff. (S. 685 f. m. weit. Nachw.); *F. Lappe*, Justizkostenrecht, München 1982, S. 77; teilweise wird auch die Auffassung vertreten, daß die BRAGO die „übliche Vergütung" im Sinne der §§ 612 Abs. 2, 632 Abs. 2 BGB regele. Anderer Ansicht etwa *F. Riedel / H. Sußbauer* (FN 13), Rdnr. 1 zu § 1 und *W. Gerold / H. Schmidt* (FN 10), Rdnr. 26 zu § 1, wonach die BRAGO als Sonderregelung den §§ 612 Abs. 2, 632 Abs. 2 BGB vorgeht. Dem Meinungsstreit kommt in dem hier interessierenden Zusammenhang keine Bedeutung zu, weil selbst dann, wenn die BRAGO als Spezialgesetz die Vergütungsregelung des BGB verdrängen sollte, die vertraglich geschuldete Vergütung durch Gesetz festgelegt wird.

[107] Zu den rechtlichen Grenzen von Honorarvereinbarungen vgl. § 3 BRAGO und *F. Lappe* (FN 106), S. 74.

genleistung sind also konkret festgelegt. Ebenso ist auch bei umfangreichen Geschäftsbesorgungen durch den Rechtsanwalt die hierfür zu entrichtende Gegenleistung bereits im Zeitpunkt des Vertragsschlusses durch die Normen der BRAGO bestimmt, mögen die Gebühren auch erst zu einem späteren Zeitpunkt fällig werden[108]. Dementsprechend werden denn auch die für das jeweilige anwaltliche Tätigwerden zu entrichtenden Gebühren in der Regel anhand der die Parteivereinbarungen ergänzenden, bereits im Zeitpunkt des Vertragsschlusses bestehenden Vorschriften der BRAGO berechnet.

Etwas anderes gilt lediglich dann, wenn nach dem Vertragsschluß durch eine Änderung der für die Gebührenberechnung einschlägigen Gesetze, also insbesondere der BRAGO, die Anwaltsgebühren erhöht werden *und* von dieser Gebührenerhöhung auch bereits vor dem Inkrafttreten der neuen Regelung geschlossene Verträge erfaßt werden. In diesem Fall bleiben die zwischen dem rechtsuchenden Bürger und dem Anwalt geschlossenen Verträge im tatsächlichen Ergebnis nämlich nicht mit dem ursprünglichen Inhalt und den ursprünglich an die Vereinbarung geknüpften Konsequenzen bestehen, sondern werden modifiziert. Während die Verpflichtungen des Rechtsanwaltes nach wie vor unverändert den in dem ursprünglichen Vertrag getroffenen Vereinbarungen entsprechen, werden die ursprünglichen (Zahlungs-)Verpflichtungen seines Vertragspartners tatsächlich erhöht. Mit anderen Worten: Trotz gleichbleibender Leistungsansprüche werden die (Gegen-)Leistungsverpflichtungen des Vergütungsschuldners gegenüber der ursprünglich getroffenen Vereinbarung faktisch angehoben; er schuldet nach dem Inkrafttreten der gesetzlichen Neuregelung für ein und dieselbe Leistung eine dem Betrag nach höhere Vergütung. Eine rückwirkende Gebührenanhebung beeinflußt somit bestehende Anwaltsverträge, weil sie den tatsächlichen Umfang der sich hieraus ergebenden Anwaltsvergütungen neu festlegt[109].

bb) Prozeßrechtsverhältnisse

Da der Gesetzgeber in den bisherigen Übergangsvorschriften der BRAGO-Änderungsgesetze u. a. bestimmte Prozeßstadien als Zäsur für die Anwendung neuen und alten Rechts gewählt[110] und das *BVerfG* hieraus die Schlußfolgerung gezogen hat, daß neues Gebührenrecht an das „Prozeßrechtsverhältnis" anknüpfe[111], bedürfen die Auswirkungen

---

[108] Vgl. § 16 BRAGO; siehe aber auch § 17 BRAGO.

[109] Dementsprechend ist in den Gesetzgebungsmaterialien auch wiederholt davon die Rede, daß Gebührenerhöhungen, von denen auch laufende Angelegenheiten erfaßt werden, in laufende Vertragsverhältnisse eingreifen; so z. B. in BT-Drucks. II/2545, S. 286; 8/3691, S. 20 f.

[110] Vgl. oben B. I. 3. b).

[111] BVerfGE 11, 139 (146).

rückwirkender Anwaltsgebührenanhebungen auf Rechtsverhältnisse, die im Zusammenhang mit einem Prozeß stehen, einer näheren Abklärung.

Abgesehen von Sonderfällen, die — wie etwa die Pflichtverteidigung und die Prozeßkostenhilfe — besondere kostenrechtliche Fragestellungen aufwerfen[112], beeinflussen rückwirkende Anwaltsgebührenerhöhungen regelmäßig zwei Rechtsverhältnisse, die im Zusammenhang mit einem Prozeß stehen, nämlich einerseits die zwischen den Prozeßparteien, Angeklagten usw. und deren Prozeßbevollmächtigten bestehenden Vertragsbeziehungen und andererseits die zwischen Gläubiger und Schuldner des Kostenerstattungsanspruchs bestehenden Rechtsbeziehungen[113].

Hinsichtlich der zwischen den Prozeßparteien, Angeklagten usw. und deren Prozeßbevollmächtigten bestehenden Vertragsbeziehungen ergibt sich grundsätzlich keine andere Beurteilung als bei den soeben unter B.I.4.a)aa) dargestellten Verträgen. Auch bei diesen Rechtsverhältnissen beruht die Vergütungsschuld nämlich auf dem zwischen dem einzelnen Mandanten und dessen Rechtanwalt geschlossenen Vertrag und wird dem Betrag nach durch eine spätere Gebührenanhebung, die auch bereits laufende oder abgeschlossene Angelegenheiten dem neuen Recht unterstellt, nachträglich erhöht. Dabei hat jeder Mandant die Anwaltsvergütung selbst zu tragen, also den Vergütungsanspruch seines Prozeßbevollmächtigten selbst zu befriedigen, mag er auch nach Beendigung des Verfahrens einen je nach Verfahrensart unterschiedlich ausgestalteten Anspruch auf Erstattung der Anwaltskosten haben[114]. Hieran ändert insbesondere im Zivilprozeß auch das während des Prozesses bestehende Prozeßrechtsverhältnis nichts, weil Beteiligte an diesem Prozeßrechtsverhältnis bekanntlich nur die Prozeßparteien und das Gericht sind[115] und das Prozeßrechtsverhältnis die zwischen den Parteien und deren Rechtsanwälten geschlossenen Verträge unberührt läßt.

---

[112] Siehe hierzu *F. Lappe* (FN 106), S. 68 f., 69 ff.

[113] Öffentlich-rechtliche Kostenansprüche gegen die Staatskasse, wie sie z. B. entstehen, wenn der Angeschuldigte freigesprochen oder die Eröffnung des Hauptverfahrens gegen ihn abgelehnt wird (vgl. §§ 467, 473 StPO), können hier wiederum außer Betracht bleiben, da sich bei ihnen das Problem einer rückwirkenden Belastung *des Bürgers* durch Anwaltsgebührenerhöhungen nicht stellt.

[114] Vgl. *F. Lappe* (FN 106), S. 133 ff.; ferner z. B. *H. Thomas / H. Putzo*, Zivilprozeßordnung, Kommentar, 12. Aufl., München 1982, Vorbemerkung IV. vor § 91 zum Zivilprozeß und *F. Kopp*, Verwaltungsgerichtsordnung, 6. Aufl., München 1984, Rdnr. 1 ff. vor § 154 zum Verwaltungsprozeß. Teilweise ist der Anwaltskostenerstattungsanspruch auch ausdrücklich ausgeschlossen (vgl. § 12 a ArbGG).

[115] *L. Rosenberg / K. H. Schwab*, Zivilprozeßrecht, 13. Aufl., München 1981, S. 6 ff.; *H. Thomas / H. Putzo* (FN 114), Vorbemerkung I. vor § 50.

Im Zusammenhang mit Prozessen wirken nachträgliche Anwaltsgebührenerhöhungen außerdem auf die je nach Verfahrensart unterschiedlich ausgestalteten Ansprüche auf Erstattung der Anwaltskosten
ein[116]. Nachträgliche Gebührenanhebungen entfalten insoweit also weitere, über die Rechtsbeziehung Mandant/Rechtsanwalt hinausreichende
Wirkungen. So hat z. B. nach Abschluß eines Zivilprozesses grundsätzlich die unterlegene Prozeßpartei die Kosten des Verfahrens zu tragen
und damit grundsätzlich auch der obsiegenden Partei die ihr erwachse-
nen Kosten zu erstatten[117]. Dieser sogenannte prozessuale Kostenerstattungsanspruch, der durch das mit dem Prozeß begründete gesetzliche Schuldverhältnis ausgelöst wird, entsteht als auflösend bedingter
Anspruch mit dem Beginn des Verfahrens[118]. Obwohl in die ZPO, also
in das Verfahrensrecht eingebettet, ist der Anspruch privatrechtlicher
Natur; mit ihm wird materielles Recht, nämlich die Erstattungspflicht
zwischen den Prozeßparteien geregelt[119].

Inhaltlich verpflichtet der Kostenerstattungsanspruch den Erstattungsschuldner dazu, die dem Gegner entstandenen Kosten, soweit sie
zur zweckentsprechenden Rechtsverfolgung bzw. Rechtsverteidigung
notwendig waren, zu erstatten. Die Erstattungspflicht erstreckt sich insbesondere auch auf die notwendigen Anwaltskosten, und zwar regelmäßig in Höhe der „gesetzlichen Gebühren"[120]. Ähnlich wie bereits bei
den unter B.I.4.a)aa) untersuchten Rechtsverhältnissen erlegen deshalb
nach Verfahrensbeginn vorgenommene Anhebungen der gesetzlichen
Anwaltsgebühren, die noch unter der Geltung des alten Rechts in Gang
gesetzte oder abgeschlossene Verfahren erfassen, der erstattungspflich-
tigen Partei im Ergebnis gegenüber dem früheren Rechtszustand höhere
Zahlungsverpflichtungen auf.

b) Das Ausmaß der durch nachträgliche
Gebührenerhöhungen bewirkten Mehrbelastungen,
dargestellt am Beispiel des BRAGOÄndG 1980

Bei all den eben genannten Rechtsbeziehungen wirken sich Gebührenerhöhungen, die in ihren zeitlichen Geltungsbereich in der Vergangenheit begonnene oder beendete Rechtsverhältnisse miteinbeziehen,

---

[116] Einen Überblick über Begriff und Anspruchsgrundlagen des Kostenerstattungsanspruchs in den einzelnen Verfahrensarten gibt *F. Lappe* (FN 106),
S. 133 ff.

[117] § 91 Abs. 1 ZPO; eine Ausnahme von diesem Grundsatz enthält z. B.
§ 93 ZPO. Vgl. auch § 154 Abs. 1 VwGO und § 13 a Abs. 1 FGG.

[118] *L. Rosenberg / K. H. Schwab* (FN 115), S. 477 f. m. weit. Nachw.; *F. Lappe*
(FN 106), S. 139.

[119] *H. Thomas / H. Putzo* (FN 114), Vorbemerkung IV. 1 vor § 91; *F. Lappe*
(FN 106), S. 138; *L. Rosenberg / K. H. Schwab* (FN 115), S. 478.

[120] Vgl. § 91 Abs. 2 ZPO.

stets für einen der an dem jeweiligen Rechtsverhältnis Beteiligten einseitig-belastend aus, weil sie nachträglich den tatsächlichen Umfang von dessen Leitungsverpflichtungen bei im übrigen unverändert fortbestehendem Inhalt des jeweiligen Rechtsverhältnisses erhöhen. Dabei ist es grundsätzlich unbeachtlich, welcher gesetzestechnischen Ausgestaltungen sich der Gesetzgeber bei der Gebührenanhebung bedient, ob der Gesetzgeber also insbesondere eine allgemeine oder teilweise Anhebung der Gegenstandswertgebühren, eine Erhöhung der Rahmengebühren, die Einführung zusätzlicher Gebührentatbestände, die Anhebung der Gebührenstreitwerte usw. als Mittel zur Erhöhung der Anwaltsgebühren wählt. Denn unabhängig von der rechtstechnischen Ausgestaltung der einzelnen Gebührenerhöhung werden immer die Verpflichtungen der betroffenen Vergütungsschuldner und der betroffenen Kostenerstattungsschuldner dem Betrag nach erhöht, wenn durch ein BRAGO-Änderungsgesetz die Anwaltsgebühren nachträglich angehoben werden. Das Ausmaß der sich aus den Gebührenanhebungen ergebenden zusätzlichen Belastungen der Betroffenen schwankte bislang von Gebührenerhöhung zu Gebührenerhöhung und war auch innerhalb der einzelnen Gebührenanhebungen keineswegs für alle davon Betroffenen gleich hoch, weil der Gesetzgeber bislang die Gebühren regelmäßig nicht gleichmäßig angehoben, sondern die Einzelgebühren unterschiedlich modifiziert hat. Die Darstellung des Ausmaßes der nachträglichen Mehrbelastungen muß sich deshalb — soweit in den Grundzügen nicht ohnehin bereits referiert[121] — auf einige Beispiele der jüngsten Gebührenanhebung durch das BRAGOÄndG 1980[122] beschränken.

Gegenstand dieses Gesetzes, das grundsätzlich auch laufende Gerichtsverfahren und laufende Angelegenheiten erfaßte[123], war vor allem die teilweise Anhebung der Gegenstandswertgebühren und der Rahmengebühren. Die große praktische Tragweite der damaligen BRAGO-Änderungen verdeutlichen folgende Beispiele:

(1) Anwaltskosten der in einem Zivilrechtsstreit unterliegenden Partei bei einem Gegenstandswert von 100 DM[124]

Nach dem *alten, im Zeitpunkt der Einleitung des Rechtsstreits geltenden Recht* hätte die unterliegende Partei für den von ihr selbst bestell-

---

[121] Siehe oben B. I. 2.

[122] FN 34.

[123] Art. 1 Nr. 30 BRAGOÄndG 1980.

[124] Die Berechnung geht von der Annahme aus, daß der Rechtsstreit zwischen zwei Parteien geführt wird, beide Parteien durch einen Rechtsanwalt vertreten sind und drei volle Gebühren (§ 31 BRAGO) anfallen; sonstige Anwaltsgebühren und -kosten werden vernachlässigt. Die Berechnung der Anwaltsgebühren nach altem Recht beruht auf der Anlage zu § 11 BRAGO in der Fassung des KostÄndG 1975 (FN 33), die Berechnung der Anwaltsgebühren nach neuem Recht auf der Anlage zu § 11 BRAGO in der Fassung des BRAGOÄndG 1980.

ten Rechtsanwalt 3 × 20 DM = 60 DM an Gebühren bezahlen und im Rahmen des Kostenerstattungsanspruchs[125] die Gebühren für den gegnerischen Anwalt in Höhe von ebenfalls 60 DM, insgesamt also 120 DM tragen müssen.

Nach dem *neuen, im Zeitpunkt der Beendigung des Rechtsstreits geltenden Recht* mußte die unterliegende Partei an den eigenen Anwalt 3 × 30 DM = 90 DM bezahlen und im Rahmen des Kostenerstattungsanspruchs die Gebühren für den gegnerischen Anwalt in Höhe von ebenfalls 90 DM tragen. Insgesamt betrugen die Anwaltsgebühren also 180 DM.

Die *tatsächliche Mehrbelastung* belief sich demnach auf 180 DM — 120 DM = 60 DM oder 50 %.

(2) Anwaltskosten der in einem Zivilrechtsstreit unterliegenden Partei bei einem Gegenstandswert von 1 000 DM[126]

Nach *altem Recht* wären für den eigenen und für den gegnerischen Anwalt je 222 DM (= 3 × 74 DM), also insgesamt 444 DM an Gebühren angefallen.

Nach *neuem Recht* waren für den eigenen und für den gegnerischen Anwalt je 255 DM (= 3 × 85 DM), also insgesamt 510 DM an Gebühren zu bezahlen.

Die *tatsächliche Mehrbelastung* betrug demnach 66 DM oder rund 15 %.

(3) Anwaltskosten der in einem Zivilrechtsstreit unterliegenden Partei bei einem Gegenstandswert von 10 000 DM[127]

Nach *altem Recht* wären für den eigenen und für den gegnerischen Anwalt je 1 410 DM (= 3 × 470 DM), also insgesamt 2 820 DM an Gebühren angefallen.

Nach *neuem Recht* waren für den eigenen und für den gegnerischen Anwalt je 1 467 DM (= 3 × 489 DM), also insgesamt 2 934 DM an Gebühren zu bezahlen.

Die *tatsächliche Mehrbelastung* betrug demnach 114 DM oder rund 4 %[128].

(4) Anwaltskosten der in einem Zivilrechtsstreit unterliegenden Partei bei einem Gegenstandswert von 100 000 DM[129]

Nach *altem Recht* wären für den eigenen und für den gegnerischen Anwalt je 4 290 DM (= 3 × 1 430 DM), also insgesamt 8 580 DM an Gebühren angefallen.

Nach *neuem Recht* waren für den eigenen und für den gegnerischen Anwalt je 4 755 DM (= 3 × 1 585 DM), also insgesamt 9 510 DM an Gebühren zu bezahlen.

Die *tatsächliche Mehrbelastung* betrug demnach 930 DM oder rund 11 %.

---

[125] § 91 ZPO; siehe dazu auch oben B. I. 4. a) bb).

[126] Zu den Berechnungsgrundlagen siehe FN 124.

[127] Zu den Berechnungsgrundlagen siehe FN 124.

[128] Die relativ geringe Mehrbelastung beruht darauf, daß die Gebühren für Gegenstandswerte im Bereich zwischen 4 400 DM und 20 000 DM im Vergleich zur Gesamterhöhung unterproportional angehoben wurden. Vgl. dazu BT-Drucks. 8/4277, S. 19.

[129] Zu den Berechnungsgrundlagen siehe wiederum FN 124.

(5) Soweit Anwaltsgebühren auf der Grundlage von Betragsrahmengebühren berechnet werden, also insbesondere in Strafsachen, wurde die für die tägliche Praxis vor allem bedeutsame Mittelgebühr durch das BRAGOÄndG 1980 um 21 bis 22 % angehoben[130]. So wurde z. B. der bisherige Rahmen „100 DM bis 1 500 DM" durch den neuen Rahmen „120 DM bis 1 825 DM" ersetzt, was eine Anhebung der Mittelgebühr von bislang 800 DM auf nunmehr 972,50 DM bewirkte.

Die durch das neue Recht herbeigeführte *tatsächliche Mehrbelastung* gegenüber dem alten Recht betrug demnach in diesem Beispielsfall 172,50 DM oder rund 22 %.

II. Verfassungsrechtliche Beurteilung rückwirkender Anwaltsgebührenerhöhungen

Das *BVerfG* hat sich bislang einmal, nämlich in einem Beschluß vom 31. Mai 1960[131], mit der Problematik rückwirkender Gebührenerhöhungen beschäftigt und die in dem damaligen Verfahren zur verfassungsrechtlichen Prüfung anstehende Rückwirkungsregelung im Ergebnis nicht beanstandet[132]. Auf den ersten Blick scheint der Gesetzgeber deshalb beim Erlaß rückwirkender Gebührenanhebungen eine Entscheidung des *BVerfG* für sich in Anspruch nehmen zu können. Eine genauere Untersuchng der damaligen Entscheidung zeigt jedoch, daß das Gericht den Gesetzgeber jedenfalls nicht von jeglichen verfassungsrechtlichen Bindungen freigestellt hat:

Mit dem Beschluß von 1960 wurde nämlich zunächst keineswegs jede rückwirkende Gebührenerhöhung als verfassungsrechtlich zulässig angesehen. Vielmehr stellte das Gericht ausdrücklich fest, daß das damals umstrittene KostMaßnG 1952[133] insoweit mit einer „verfassungsrechtlich bedenklichen Rückwirkungsklausel" ausgestattet sei, als dessen Übergangs- und Schlußvorschriften auch solche Verfahren und Instanzen dem Anwendungsbereich des neuen Gebührenrechts unterstellten, die bereits vor der Verkündung des Gesetzes beendet gewesen waren[134]. Einer abschließenden Beurteilung dieser „verfassungsrechtlich bedenklichen Rückwirkungsklausel" konnte sich das *BVerfG* letztlich nur deshalb enthalten, weil es ein „technisches Versehen" im Gesetzgebungs-

---

[130] Siehe hierzu und zum folgenden BT-Drucks. 8/4277, S. 20.

[131] BVerfGE 11, 139.

[132] Vgl. auch den in NJW 1982, S. 1690 veröffentlichten Beschluß des *BVerfG* (Vorprüfungsausschuß) zur Übergangsvorschrift des Gesetzes über die Prozeßkostenhilfe vom 13. Juni 1980 (BGBl. I, S. 677), dem sich aber keine Aussagen zur verfassungsrechtlichen Beurteilung von rückwirkenden Anwaltsgebührenerhöhungen entnehmen lassen. Vgl. zu Art. 5 Nr. 1 PKHG ferner *BVerwG*, Rpfleger 1981, S. 370 m. weit. Nachw.

[133] Gesetz über Maßnahmen auf dem Gebiete des Kostenrechts vom 7. August 1952 (BGBl. I, S. 401).

[134] BVerfGE 11, 139 (148).

verfahren ausmachte und den Anwendungsbereich des KostMaßnG 1952 im Wege einer „berichtigenden Auslegung" beschränkte[135]. Im praktischen Ergebnis hatte dies für den damaligen Verfahrensgegenstand zur Folge, daß die Gebühren „entgegen ... (dem) zu allgemein gehaltenen Wortlaut"[136] der Rückwirkungsanordnung nach altem (!) und nicht nach neuem Recht zu berechnen waren.

Außerdem beruht der damalige, insgesamt eher an der Beurteilung des Einzelfalles als an einer umfassenden Abklärung grundsätzlicher Fragen ausgerichtete[137] Beschluß auf einer Reihe von tatbestandlichen Besonderheiten, welche die Entscheidung des BVerfG maßgeblich beeinflußt haben. Gegenstand des damaligen Verfahrens waren mehrere Vorschriften des KostMaßnG 1952[138], mit denen der Streitwert für Räumungs- (und Mietaushebungs-)klagen von bislang dem vierteljährlichen Mietzins auf künftig den jährlichen Mietzins angehoben wurde, was nach der konkreten Ausgestaltung des Gesetzes auch in laufenden und teilweise sogar in vor der Gesetzesverkündung beendeten Instanzen und Verfahren eine nachträgliche Erhöhung der Gerichts- und Anwaltsgebühren zur Folge hatte[139]. Ausweislich der Gesetzgebungsmaterialien wurde die Anhebung des bis dahin rund zwanzig Jahre (!) unverändert gebliebenen Streitwertes vor allem damit begründet, daß die sich dies-

---

[135] BVerfGE 11, 139 (149); siehe dazu auch B. Pieroth, Rückwirkung und Übergangsrecht, Berlin 1981, S. 53.

[136] BVerfGE 11, 139 (139, 148); Klammerzusatz hinzugefügt.

[137] Siehe z. B. S. 145: „Einer erschöpfenden Auseinandersetzung mit dem Problem der Zulässigkeit rückwirkender Gesetze unter dem Gesichtspunkt des Prinzips der Rechtsstaatlichkeit bedarf es in diesem Zusammenhang nicht" und S. 147 f.: „Die Verfassungsmäßigkeit des Art. 19 ist im vorliegenden Verfahren nur zu prüfen, soweit die Vorschrift auf Art. 7 Nr. 3 und auf Art. 16 einwirkt."

[138] In der auf einen Vorlagebeschluß des AG Düsseldorf ergangenen Entscheidung war über die Verfassungsmäßigkeit von Art. 7 Abs. 3, Art. 16 und Art. 19 KostMaßnG 1952 zu befinden. Durch Art. 7 Nr. 3 KostMaßnG 1952 war der Streitwert für Räumungs- (und Mietaufhebungs-)klagen angehoben worden, wodurch sich für Prozesse dieser Art die Gerichts- und Anwaltsgebühren erhöhten. Nach Art. 16 KostMaßnG 1952 war der gem. Art. 7 Nr. 3 KostMaßnG 1952 erhöhte Streitwert auch in solchen Zivilrechtsstreitigkeiten anzuwenden, die bereits vor Inkrafttreten des Gesetzes anhängig geworden, instanziell aber erst nach dessen Inkrafttreten und Verkündung beendet worden waren. Und schließlich ordnete Art. 19 KostMaßnG 1952 an, daß der erhöhte Streitwert auch in Streitigkeiten anzuwenden ist, die zwar nach dem Inkrafttreten des KostMaßnG 1952, aber noch vor dessen Verkündung instanziell beendigt worden waren. Zu den zahlreichen Streitfragen, die mit diesen Vorschriften verbunden waren, vgl. z. B. OLG Stuttgart, Rpfleger 1952, Sp. 601; OLG Frankfurt, Rpfleger 1952, Sp. 603; OLG Stuttgart, Rpfleger 1952, Sp. 603; OLG Frankfurt, Rpfleger 1953, Sp. 84 m. Anm. Höver, Rpfleger 1953, Sp. 87 f.; ferner M. Tschischgale, Zweifelhafte Übergangsregelungen des neuen Kostenrechtsgesetzes, JR 1953, S. 91 f. m. weit. Nachw.

[139] Zum Sachverhalt der damaligen Entscheidung siehe im einzelnen BVerfGE 11, 139 (140 ff.).

bezüglich ergebenden Gebühren „nicht nur unter den heutigen Umständen, sondern stets zu niedrig gewesen" seien[140] und auf die Überlegung
gestützt, daß der Aufwand für derartige Prozesse „in einem umgekehr-
ten Verhältnis zu ihrem Streitwert" gestanden habe und „die Vergütung, die der Anwalt für seine Arbeit" bekam, „schon bei weitem nicht
mehr" ausgereicht habe, „um überhaupt die Bürounkosten solcher Klagen zu decken"[141]. Diese tatbestandlichen Besonderheiten durchziehen
als „roter Faden" auch die Begründungszusammenhänge der bundesverfassungsgerichtlichen Entscheidung. So wies das Gericht — die in den
Gesetzesmotiven enthaltenen Ausführungen aufgreifend — beispielsweise darauf hin, daß die Streitwertanhebung eine seit rund zwei Jahr-
zehnten unverändert fortbestehende Gebührenregelung ablöse, die
„nicht nur unter den gegenwärtigen Verhältnissen, sondern von Anfang an unangemessen" gewesen sei[142]. An einer anderen Stelle findet
sich die Bemerkung, daß die vom Gesetzgeber gewählte Übergangsregelung an sich „sachlich einleuchtend und vertretbar" sei, „zumal die
Kostenrechtsnovelle die Beseitigung eines seit langem als unzureichend
empfundenen Rechtszustandes auf dem Gebiet des Streitwerts-, Gebüh-
ren- und Auslagenrechts bezweckte"[143]. Und schließlich stellte das Gericht selbst den Einzelfallcharakter seiner Entscheidung ausdrücklich
klar: „Insofern liegen die Verhältnisse hier anders als bei Erlaß des
Gesetzes zur Änderung und Ergänzung kostenrechtlicher Vorschriften
vom 26. Juli 1957 . . ., das eine grundlegende Reform des gesamten
Kostenrechts brachte"[144]. Aus dem Gesamtzusammenhang kann dieser
Satz nur als eine ausdrückliche Beschränkung der tragenden Argumentation auf den damaligen Verfahrensgegenstand, nämlich das Kost-
MaßnG 1952, verstanden werden[145], weshalb die diesbezüglichen Ausführungen des Gerichts allenfalls bedingt verallgemeinerungsfähig
sind[146]. Das *BVerfG* wollte sich offenbar die verfassungsrechtliche Beur-

---

[140] So BT-Drucks. I/3336, S. 12.

[141] So der Schriftliche Bericht des Ausschusses für Rechtswesen und Verfassungsrecht zum Entwurf des KostMaßnG 1952, Verhandlungen des Deutschen Bundestages, 1. Wahlperiode, Bd. 12, S. 10226; vgl. auch Protokoll der
195. Sitzung des Ausschusses für Rechtswesen und Verfassungsrecht am
1. Juli 1952, S. 6 f.

[142] BVerfGE 11, 139 (144); vgl. auch ebenda, S. 147.

[143] S. 147.

[144] S. 147.

[145] Im Ergebnis ähnlich *F. Lappe*, Rpfleger 1980, S. 454 ff. (S. 455).

[146] Auch die weiteren vom *BVerfG* angestellten Überlegungen, wonach es
nicht zu beanstanden sei, „daß der Gesetzgeber für die Anwendbarkeit des
neuen Rechts auf anhängige Prozesse unterschied, ob im Augenblick des
Inkrafttretens der Kostenrechtsnovelle die *Instanz* noch nicht abgeschlossen
war oder schon abgeschlossen war" und überdies jede Partei mit einer Änderung des Prozeßkostenrechts rechnen müsse (S. 147), stehen dem nicht
entgegen. Denn nach den Ausführungen des Gerichts können diese Über-

teilung von rückwirkenden Kostenerhöhungen für solche Fälle, die mit dem Sonderfall des KostMaßnG 1952 nicht vergleichbar sind, vorbehalten und dabei insbesondere „grundlegende Reformen des gesamten Kostenrechts" unter Umständen anders beurteilen[147].

Insgesamt hat der Beschluß von 1960 also weder den Gesetzgeber beim Erlaß rückwirkender Gebührenerhöhungsgesetze von jeglichen verfassungsrechtlichen Bindungen freigestellt noch die verfassungsrechtliche Problematik rückwirkender Anwaltsgebührenerhöhungen erschöpfend und abschließend geklärt. Vielmehr weist die damalige, auf tatbestandlichen Besonderheiten beruhende[148] Entscheidung bei der Beantwortung grundlegender Fragen Einzelfallcharakter auf, mögen einige der darin enthaltenen Ausführungen auch über den konkreten Fall hinausweisen. Dementsprechend stimmen Literatur und Praxis auch darin überein, daß dem Gesetzgeber bei nachträglichen Anwaltsgebührenerhöhungen verfassungsrechtliche Grenzen gezogen sind, wenngleich über die exakte Bestimmung dieser Grenzen nach wie vor Uneinigkeit besteht[149]. Der Weg für eine — die bisherige Rechtsprechung des *BVerfG* berücksichtigende — erneute Untersuchung der verfassungsrechtlichen Bindungen des Gesetzgebers ist nach alledem durch die Entscheidung vom 31. Mai 1960 nicht versperrt. Dies nicht zuletzt auch deshalb, weil sich die bundesverfassungsgerichtliche Rechtsprechung zu den verfassungsrechtlichen Schranken für rückwirkende Gesetze in mehreren Abschnitten entwickelt hat[150] und dem Rückwirkungsverbot — nach Aufgabe der ursprünglich prinzipiell „rückwirkungsfreundlichen" Haltung[151] des Gerichts — seit 1960 zunehmend schärfere Konturen abgewonnen wurden[152].

---

legungen nur „nach dem bisher Dargelegten" bzw. „nach dem eben dargelegten Grundsatz" (S. 147) Geltung beanspruchen. In dem „bisher Dargelegten" bzw. in dem „eben dargelegten Grundsatz" hatte das Gericht die Tragweite seiner Argumentation aber gerade auf den konkreten Einzelfall des KostMaßnG 1952 und hierbei wiederum insbesondere auf die nachträgliche Anhebung des Streitwerts für Räumungs- (und Mietaufhebungs-)klagen beschränkt.

[147] BVerfGE 11, 139 enthält zwar einen gewichtigen Hinweis darauf, daß bei einer grundlegenden Reform des Kostenwesens eine dem Art. 16 KostMaßnG 1952 entsprechende Übergangsvorschrift gegen das Rückwirkungsverbot verstoßen dürfte, zwingt aber nicht zu dieser Schlußfolgerung.

[148] Rückwirkende Anhebungen eines seit rund 20 Jahren unveränderten Streitwertes, der von Anfang an als unangemessen empfunden worden war; lediglich partielle Anhebung der Gebühren usw.

[149] Vgl. oben A. und B. I. 3. b) cc) m. Nachw.

[150] Vgl. hierzu u. a. *B. Schlink*, Abwägung im Verfassungsrecht, Berlin 1976, S. 106 ff., der auch auf Schwankungen innerhalb der einzelnen Rechtsprechungsabschnitte hinweist; *V. Götz* (FN 63), S. 430, 435 f.; *K. Stern*, Zur Problematik rückwirkender Gesetze, in: P. Lerche / H. Zacher / P. Badura (Hrsg.), Festschrift für Theodor Maunz zum 80. Geburtstag am 1. September 1981, München 1981, S. 381 ff. (S. 383 ff.).

1. Zum verfassungsrechtlichen Prüfungsmaßstab

a) Die Rechtsprechung des Bundesverfassungsgerichts

Das *BVerfG* ermittelt die dem Gesetzgeber beim Erlaß rückwirkender Gesetze gezogenen Grenzen ganz überwiegend aus den im Rechtsstaatsprinzip wurzelnden Grundsätzen der Rechtssicherheit und des Vertrauensschutzes[153]. Ausgehend von diesem grundgesetzlichen Anknüpfungspunkt löst das Gericht die verfassungrechtliche Problematik rückwirkender Gesetze in mittlerweile gefestigter Rechtsprechung regelmäßig anhand der Unterscheidung von echter (retroaktiver) und unechter (retrospektiver) Rückwirkung[154]. Danach ist ein Gesetz, das „nachträglich ändernd in abgewickelte, der Vergangenheit angehörende Tatbestände eingreift (echte Rückwirkung)"[155], wegen eines Verstoßes gegen das Rechtsstaatsprinzip grundsätzlich nichtig und nur bei Vorliegen eines von vier näher umschriebenen Ausnahmetatbeständen zulässig[156]. Im Gegensatz hierzu ist ein Gesetz, das „auf gegenwärtige, noch nicht abgeschlossene Sachverhalte und Rechtsbeziehungen für die Zukunft einwirkt (unechte Rückwirkung)"[157], verfassungsrechtlich grundsätzlich unbedenklich; ein mit unechter Rückwirkung ausgestattetes Gesetz ist ausnahmsweise nur dann verfassungswidrig, wenn es „in einen Ver-

---

[151] Vgl. z. B. BVerfGE 1, 264 (279 f.), wo das Gericht die Rückwirkung von Gesetzen noch als „an sich zulässig" bezeichnet; vgl. ferner BVerfGE 2, 237 (264 ff.) und BVerfGE 3, 58 (150). Zur Entwicklung der „frühen" Rechtsprechung des *BVerfG* zur Rückwirkungsproblematik siehe auch *F. Klein / G. Barbey*, Bundesverfassungsgericht und Rückwirkung von Gesetzen, Bonn 1964, insbesondere S. 37 ff., 63 ff. sowie die in FN 150 ausgewiesene Literatur m. weit. Nachw.

[152] Siehe dazu auch *F. Lappe*, Rpfleger 1980, S. 454 ff. (S. 455), der darauf aufmerksam macht, daß in BVerfGE 11, 139 die Rückwirkung des KostMaßnG 1952 nicht unter den Gesichtspunkten geprüft wurde, die heute als entscheidend angesehen werden.

[153] Z. B. BVerfGE 13, 261 (271); 14, 288 (297); 18, 429 (439); 23, 12 (32); 24, 220 (229); 25, 269 (290); 27, 231 (238); 30, 250 (267); 30, 367 (386); 31, 222 (225); 32, 111 (123); 43, 242 (286); 45, 142 (167 f.); 48, 1 (20); 50, 177 (193); 50, 244 (250); 51, 356 (362 f.); 59, 128 (164); 63, 152 (175); 63, 312 (328).

[154] Siehe dazu die Nachw. in FN 153 sowie die zusammenfassende Rechtsprechungsübersicht bei *G. Leibholz / H. J. Rinck / D. Hesselberger*, Grundgesetz für die Bundesrepublik Deutschland, Kommentar, 6. Aufl., Köln ab 1979, Stand: 1983, Anm. III. D. zu Art. 20 m. zahlr. Nachw. Siehe aber auch BVerfGE 30, 392 (401 ff.), wo neben der echten und der unechten Rückwirkung eine „dritte Kategorie gleichen Inhalts wie unechte Rückwirkung" (*K. Stern*) entwickelt wurde. Vgl. ferner neuerdings auch BVerfGE 63, 343 (353 ff.), wo die begriffliche Unterscheidung von echter und unechter Rückwirkung vermieden wird.

[155] BVerfGE 30, 367 (386); 57, 361 (391); ständ. Rspr.

[156] Vgl. z. B. BVerfGE 13, 261 (270 ff.); 18, 429 (439); 30, 367 (387 ff.); 45, 142 (173 f.); 48, 1 (25); ständ. Rspr. Siehe ferner zum sog. Bagatellvorbehalt BVerfGE 30, 367 (389).

[157] Vgl. z. B. BVerfGE 11, 139 (146); 30, 392 (402); 39, 128 (143); 48, 403 (415); 50, 386 (394); 57, 361 (391); 59, 128 (164 f.); 63, 152 (175).

trauenstatbestand eingreift und die Bedeutung des (mit ihm verfolgten) gesetzgeberischen Anliegens für die Allgemeinheit das Interesse des Einzelnen am Fortbestand des bisherigen Zustandes nicht übersteigt"[158].

Neben dem Rechtsstaatsprinzip zieht das *BVerfG* in jüngerer Zeit zunehmend die Einzelgrundrechte und hierbei wiederum insbesondere auch die verfassungsrechtliche Eigentumsgarantie als Prüfungsmaßstab für rückwirkende Gesetze heran[159]. Nach dieser neueren Rechtsprechung hat der rechtsstaatliche Grundsatz des Vertrauensschutzes für die vermögenswerten Güter im Eigentumsgrundrecht eine eigene Ausprägung und verfassungsrechtliche Ordnung erfahren[160]. „Die vom Gesetzgeber erlassenen Vorschriften sind" danach „nicht schon deshalb verfassungsmäßig, weil das künftig anzuwendende Recht dem Grundgesetz entspricht. Es kommt vielmehr zusätzlich darauf an, daß auch der Eingriff in die nach altem Recht begründeten Rechtspositionen mit dem Grundgesetz in Einklang steht ... Dabei sind gesetzliche Neuregelungen, die in Positionen eingreifen, die in der Vergangenheit begründet sind, nur zulässig, wenn sie durch Gründe des öffentlichen Interesses unter Berücksichtigung des Grundsatzes der Verhältnismäßigkeit gerechtfertigt sind"[161].

Berücksichtigt man diese neuere Rechtsprechungstendenz, dann sind verfassungsrechtliche Prüfungsmaßstäbe für rückwirkende Gesetze die betroffenen Einzelgrundrechte und — soweit die jeweiligen Rechtspositionen und Rechtslagen nicht spezialgrundrechtlich geschützt sind — das im Rechtsstaatsprinzip verankerte Rückwirkungsverbot i. V. m. Art. 2 Abs. 1 GG[162].

b) Gegenläufige Tendenzen in der Literatur

Während die vom *BVerfG* entwickelte Rückwirkungsdogmatik von dem überwiegenden Teil der Lehrbuch- und Kommentarliteratur — mit allenfalls verhaltener Kritik — weitgehend übernommen wird[163], hat

---

[158] So BVerfGE 36, 73 (82); 40, 65 (75 f.); Klammerzusatz hinzugefügt. Vgl. auch BVerfGE 30, 250 (268); 31, 222 (227); 48, 403 (416); 50, 386 (395); 63, 312 (329 f.).

[159] BVerfGE 36, 281 (293); 42, 263 (300 f.); 45, 142 (168); 53, 257 (309); 58, 81 (120 f.) zur besonderen Ausprägung des Vertrauensschutzes in Art. 14 GG. Vgl. auch BVerfGE 31, 275 (293); 63, 152 (174); 64, 87 (104).

[160] BVerfGE 36, 281 (293).

[161] BVerfGE 58, 81 (121) m. weit. Nachw.

[162] Vgl. BVerfGE 45, 142 (168).

[163] Vgl. z. B. *K. Hesse*, Grundzüge des Verfassungsrechts der Bundesrepublik Deutschland, 14. Aufl., Heidelberg u. a. 1984, S. 193 f. (S. 193 FN 7); *T. Maunz / R. Zippelius*, Deutsches Staatsrecht, 24. Aufl., München 1982, S. 87 f.; *K. Doehring*, Staatsrecht der Bundesrepublik Deutschland, Frankfurt/M. 1976, S. 172, 183, 225; *T. Schramm*, Staatsrecht, Bd. I, Köln u. a. 1977, S. 239 ff.; *E. Schunck / H. De Clerck*, Allgemeines Staatsrecht und Staatsrecht des Bundes und der Länder, 9. Aufl., Siegburg 1980, S. 202; *W. Fürst / H. Günther*,

die übrige Literatur[164] der bundesverfassungsgerichtlichen Rückwirkungsjudikatur teilweise in grundlegenden Fragen die Gefolgschaft ver-

---

Grundgesetz, 3. Aufl., Stuttgart u. a. 1982, S. 40 f.; *E. Stein*, Staatsrecht, 7. Aufl., Tübingen 1980, S. 47 f.; *F. Ossenbühl*, in: H.-U. Erichsen / W. Martens (Hrsg.), Allgemeines Verwaltungsrecht, 5. Aufl., Berlin u. a. 1981, S. 118 f.; *H. J. Wolff / O. Bachof*, Verwaltungsrecht I, 9. Aufl., München 1974, S. 145 ff.; *G. Leibholz / H. J. Rinck / D. Hesselberger* (FN 154), Anm. III.D. zu Art. 20; *B. Schmidt-Bleibtreu / F. Klein*, Kommentar zum Grundgesetz für die Bundesrepublik Deutschland, 6. Aufl., Neuwied u. a. 1983, Rdnr. 14 ff. zu Art. 20; *F. Giese / E. Schunck*, Grundgesetz für die Bundesrepublik Deutschland vom 23. Mai 1949, 9. Aufl., Frankfurt/M. 1976, S. 99 f.; *O. Model / K. Müller*, Grundgesetz für die Bundesrepublik Deutschland, Taschenkommentar, 9. Aufl., Köln u. a. 1981, S. 239 ff.

[164] Die Stellungnahmen zum Rückwirkungsverbot sind Legion. Auswahl: *C. Arndt*, Zur Gültigkeit rückwirkender Gesetze, DVBl. 1958, S. 120 ff.; *H. Coing*, Grundsätzliches zur Rückwirkung von Gesetzen, BB 1954, S. 137 ff.; *K. H. Friauf*, Gesetzesankündigung und rückwirkende Gesetzgebung im Steuer- und Wirtschaftsrecht, BB 1972, S. 669 ff.; *E.-W. Fuß*, Der Schutz des Vertrauens auf Rechtskontinuität im deutschen Verfassungsrecht und europäischen Gemeinschaftsrecht, in: W. Grewe / H. Rupp / H. Schneider (Hrsg.), Europäische Gerichtsbarkeit und nationale Verfassungsgerichtsbarkeit, Festschrift zum 70. Geburtstag von H. Kutscher, Baden-Baden 1981, S. 201 ff.; *V. Götz* (FN 63); *E. Grabitz*, Vertrauensschutz als Freiheitsschutz, DVBl. 1973, S. 675 ff.; *H. Hellmann / K. Pfeiffer*, Verfassungsrechtliche Probleme der rückwirkenden Fusionskontrolle, in: H. Bartholomeyczik / K. Biedenkopf / H. v. Hahn (Hrsg.), Beiträge zum Wirtschaftsrecht, Festschrift für H. Kaufmann zum 65. Geburtstag, Köln 1972, S. 185 ff.; *A. Henneka*, Das verfassungsrechtliche Problem der Zulässigkeit rückwirkender Gesetze, FR 1966, S. 156 ff.; *W. Hoffmann-Riem*, Rückwirkende Besteuerung der Bodenveräußerungsgewinne von Landwirten?, DStR 1971, S. 3 ff.; *H. Huber*, Vertrauensschutz. Ein Vergleich zwischen Recht und Rechtsprechung in der Bundesrepublik und in der Schweiz, in: O. Bachof / L. Heigl / K. Redeker (Hrsg.), Verwaltungsrecht zwischen Freiheit, Teilhabe und Bindung, Festgabe aus Anlaß des 25jährigen Bestehens des Bundesverwaltungsgerichts, München 1978, S. 313 ff.; *ders.*, Vertrauen und Vertrauensschutz im Rechtsstaat, in: U. Häfelin / W. Haller / D. Schindler (Hrsg.), Menschenrechte — Föderalismus — Demokratie, Festschrift zum 70. Geburtstag von W. Kägi, Zürich 1979, S. 193 ff.; *O. Kimminich*, Die Rückwirkung von Gesetzen, JZ 1962, S. 518 ff.; *W. Kisker*, Die Rückwirkung von Gesetzen, Eine Untersuchung zum anglo-amerikanischen und deutschen Recht, Tübingen 1963; *ders.*, Vertrauensschutz im Verwaltungsrecht, VVDStRL 32, S. 149 ff.; *E. Klein / G. Barbey* (FN 151); *M. Kloepfer*, Vorwirkung von Gesetzen, München 1974, S. 101 ff.; *ders.*, Übergangsgerechtigkeit bei Gesetzesänderungen und Stichtagsregelungen, DÖV 1978, S. 225 ff.; *M. Klußmann*, Zulässigkeit und Grenzen von nachträglichen Eingriffen des Gesetzgebers in laufende Verträge, Berlin 1970; *F. Kopp*, Um eine neue Begründung des Grundsatzes des Vertrauensschutzes im öffentlichen Recht, BayVBl. 1980, S. 38 ff.; *W. Leisner*, Das Gesetzesvertrauen des Bürgers. Zur Theorie der Rechtsstaatlichkeit und der Rückwirkung der Gesetze, in: D. Blumenwitz / A. Randelzhofer (Hrsg.), Festschrift für F. Berber zum 75. Geburtstag, München 1973, S. 273 ff.; *W. Lotz*, Zum Vertrauensschutz im öffentlichen Recht, WiVerw 1979, S. 1 ff.; *U. Meyer-Cording*, Die Rückwirkung von Gesetzen, JZ 1952, S. 161 ff.; *W. Niehues*, Die Zulässigkeit der Rückwirkung von Gesetzen nach dem Recht der Bundesrepublik Deutschland, Münster 1973; *F. Ossenbühl*, Vertrauensschutz im sozialen Rechtsstaat, DÖV 1972, S. 25 ff.; *B. Pieroth* (FN 135); *ders.*, Grundlagen und Grenzen verfassungsrechtlicher Verbote rückwirkender Gesetze, Jura 1983, S. 122 ff., 250 ff.; *U. K. Preuß*, Vertrauensschutz als Statusschutz, JA 1977, S. 265 ff., 313 ff.; *G. Püttner*, Vertrauensschutz im Verwaltungsrecht, VVDStRL 32, S. 200 ff.; *K. Quack*,

sagt[165]; gewichtige Grundsatzkritik wurde in Sondervoten auch von einzelnen Richtern des *BVerfG* geäußert[166]. Die kritischen Stimmen wenden sich insbesondere gegen die Unterscheidung von „echter" und „unechter" Rückwirkung[167], gegen die vom Gericht entwickelten Ausnahmen vom grundsätzlichen Verbot der echten Rückwirkung[168] sowie gegen die Handhabung der unechten Rückwirkung[169]. Von den Kritikern werden vielfach Lösungen der Rückwirkungsproblematik angestrebt, die von der Rechtsprechung des *BVerfG* weitgehend abweichen und den Gedanken des Vertrauensschutzes stärker akzentuieren.

Die Rückwirkung belastender Gesetze, DVBl. 1962, S. 289 ff.; *J. Salzwedel,* Verfassungsrechtlich geschützte Besitzstände und ihre Überleitung in neues Recht, DV 5 (1972), S. 11 ff.; *H. W. Scheerbarth,* Die Anwendung von Gesetzen auf früher entstandene Sachverhalte (sogenannte Rückwirkung von Gesetzen), Berlin 1961; *W. Schmidt,* „Vertrauensschutz" im öffentlichen Recht. Randposition des Eigentums im spätbürgerlichen Rechtsstaat, JuS 1973, S. 529 ff.; *O. Seewald,* Rückwirkung, Grundrechte, Vertrauensschutz, DÖV 1976, S. 228 ff.; *K. Stern* (FN 150); *E. Tietz,* Rückwirkung von Gesetzen, NJW 1951, S. 468 ff. Vgl. auch *H. Bauer,* Bundesverfassungsgericht und Rückwirkungsverbot, JuS 1984, S. 241 ff. und neuerdings *B. Pieroth,* Die neuere Rechtsprechung des Bundesverfassungsgerichts zum Grundsatz des Vertrauensschutzes, JZ 1984, S. 971 ff.

[165] Besonders deutlich *K. Stern,* Das Staatsrecht der Bundesrepublik Deutschland, Bd. I, München 1977, S. 651 ff., S. 654: „Die *Rechtsprechung* des Bundesverfassungsgerichts (zum Rückwirkungsverbot) ist selbst *nicht mehr berechenbar und vorhersehbar.* Sie schafft das Gegenteil von Rechtssicherheit und wohl kaum Gerechtigkeit. Sie sollte aufgegeben werden"; Klammerzusatz hinzugefügt. Zurückhaltender jetzt aber die Kritik in der 2. Aufl., 1984, S. 836: Die Rechtsprechung des *BVerfG* „sollte modifiziert werden".

[166] Z. B. abweichende Meinung der Richterin *Rupp-v. Brünneck* (BVerfGE 32, 111 [129]): u. a. Kritik an der Unregelmäßigkeit der Rückwirkungsrechtsprechung; abweichende Meinung des Richters *v. Schlabrendorff* (BVerfGE 37, 363 [414]): kritisch zur Anwendung der Ausnahmetatbestände vom Verbot der echten Rückwirkung; abweichende Meinung des Richters *Steinberger* (BVerfGE 48, 1 [23]): Die Begriffe „echte" und „unechte" Rückwirkung sind eher verwirrend als klärend und sollten „deshalb besser aufgegeben werden". Vgl. ferner die abweichende Meinung der Richter *Benda* und *Katzenstein* (BVerfGE 58, 81 [131]).

[167] Z. B. *K. H. Friauf,* BB 1972, S. 669 ff. (S. 673 ff.); *E. Grabitz,* DVBl. 1973, S. 675 ff.; *H. Hellmann / K. Pfeiffer* (FN 164), S. 196 ff., 210; *G. Kisker,* Die Rückwirkung von Gesetzen (FN 164), S. 26 ff.; *W. Leisner* (FN 164), insbes. S. 284 ff.; *W. Schmidt,* JuS 1973, S. 529 ff. (S. 535 ff.); *O. Seewald,* DÖV 1976, S. 228 ff. Skeptisch auch *O. Bachof,* Verfassungsrecht, Verwaltungsrecht, Verfahrensrecht in der Rechtsprechung des Bundesverwaltungsgerichts, Bd. II, Tübingen 1969, S. 28 ff.; vgl. ferner *J. Burmeister,* Vertrauensschutz im Prozeßrecht. Ein Beitrag zur Theorie vom Dispositionsschutz des Bürgers bei Änderung des Staatshandelns, Berlin und New York 1979, S. 19 und *M. Kloepfer,* Gesetzgebung im Rechtsstaat, VVDStRL 40, S. 63 ff. (S. 82 f.).

[168] Z. B. *F. Klein / G. Barbey* (FN 151), S. 80 f.; *K. Roth-Stielow,* Die verfassungswidrige Rückwirkung des § 1708 Abs. 1 Satz 1 BGB n. F. durch Art. 9 II Ziff. 2 FamRÄndG, NJW 1963, S. 571 f. (S. 572).

[169] Z. B. *V. Götz* (FN 63), S. 435 ff.; *G. Kisker,* VVDStRL 32, S. 149 ff. (S. 178); *W. Leisner* (FN 164), S. 289 ff.; *K. Stern* (FN 150), S. 388 ff.

c) Der Prüfungsmaßstab für die verfassungsrechtliche
Beurteilung von rückwirkenden Anwaltsgebührenerhöhungen

In diesem Rechtsgutachten kann weder in eine Auseinandersetzung mit den zahlreichen und vielschichtigen Angriffen gegen die Rechtsprechung des *BVerfG* eingetreten noch der vielfach geforderte Versuch einer Neuorientierung unternommen werden. Anstelle dessen orientiert sich die folgende Untersuchung im wesentlichen an der bundesverfassungsgerichtlichen Judikatur. Die damit verbundene weitgehende Ausblendung der gegen die Belastbarkeit der Rechtsprechungspraxis geltend gemachten Bedenken rechtfertigt sich aus dem rechtspraktischen Zweck des Gutachtens[170], zumal die Kritik bislang keinen maßgeblichen Einfluß auf die Rechtsprechung des *BVerfG* ausüben konnte[171].

Als verfassungrechtlicher Prüfungsmaßstab für rückwirkende Anwaltsgebührenerhöhungen kommt nach alledem zunächst Art. 14 Abs. 1 GG in Betracht. Sollte die diesbezügliche Untersuchung zu dem Ergebnis führen, daß die von nachträglichen Gebührenanhebungen betroffenen Rechtsverhältnisse und Rechtslagen nicht durch die Eigentumsgarantie geschützt sind, ist als weiterer Prüfungsmaßstab Art. 2 Abs. 1 GG i. V. m. dem im Rechtsstaatsprinzip verankerten Rückwirkungsverbot heranzuziehen.

2. Rückwirkende Anwaltsgebührenerhöhungen
auf dem Prüfstand der Eigentumsgarantie (Art. 14 Abs. 1 GG)

Zu dem von Art. 14 GG geschützten Eigentum zählen neben dem Sacheigentum jedenfalls teilweise auch bestehende vermögenswerte subjektive Privatrechte, und zwar insbesondere auch private Vermögensrechte schuldrechtlicher Art[172]. Dieser weite verfassungsrechtliche Eigentumsbegriff bietet es an, in den Schutzbereich der Eigentumsgarantie auch all jene Rechtspositionen einzubeziehen, die sich aus den

---

170 Vgl. dazu allgemein *B. Pieroth* (FN 135), S. 99 m. weit. Nachw.

171 Zum geringen Einfluß der Rechtswissenschaft auf die Rechtsprechung des *BVerfG* vgl. z. B. *H.-U. Evers*, DÖV 1982, S. 654 f. und *K. Stern* (FN 150), S. 389, der darauf hinweist, daß „die Lehre den Begriff der unechten Rückwirkung nicht nur seit jeher abgelehnt, sondern auch nachgewiesen hat, daß er untauglich ist". Gelegentliche Anhaltspunkte für eine Neuorientierung der Rückwirkungsjudikatur sind bislang zu wenig verdichtet, um das herkömmliche Prüfungsraster grundsätzlich in Frage stellen zu können; vgl. dazu *H. Bauer*, Neue Tendenzen in der bundesverfassungsgerichtlichen Rechtsprechung zum Rückwirkungsverbot, NVwZ 1984, S. 220 ff. m. weit. Nachw.

172 BVerfGE 45, 142 (179) zum Anspruch des Verkäufers gegen den Käufer auf Kaufpreiszahlung und Abnahme der Waren, mit Hinweis auf BVerfGE 42, 263 (294); BGH NJW 1972, S. 528 zum Mietrecht; vgl. ferner BVerfGE 10, 221 (228); 18, 121 (131); 20, 31 (34) und *B. Schmidt-Bleibtreu / F. Klein* (FN 163), Rdnr. 3 zu Art. 14; *G. Leibholz / H. J. Rinck / D. Hesselberger* (FN 154), Rdnr. 1 zu Art. 14 sowie *M. Klußmann* (FN 164), S. 42 ff.

im Zeitpunkt der Gebührenerhöhung bereits laufenden Anwaltsverträgen bzw. aus den in Zusammenhang mit einem bereits laufenden Prozeß stehenden vertraglichen und gesetzlichen Schuldverhältnissen ergeben.

Bei all diesen laufenden Rechtsverhältnissen bewirken rückwirkende Gebührenanhebungen die nachträgliche Schlechterstellung einer Vertragspartei bzw. eines der an dem gesetzlichen Schuldverhältnis Beteiligten, weil sie ihr bzw. ihm gegenüber dem alten Recht bei im übrigen unverändert fortbestehendem Inhalt des Rechtsverhältnisses ein „Mehr an Vergütungsschuld" bzw. ein „Mehr an Kostenerstattungspflicht" auferlegen[173]. So führt beispielsweise bei den laufenden Anwaltsverträgen eine rückwirkende Gebührenerhöhung dazu, daß der Vergütungsschuldner dem Betrag nach eine höhere Anwaltsvergütung zu entrichten hat als nach altem Recht; sie mindert also den Wert der sich aus dem ursprünglichen Anwaltsvertrag ergebenden subjektiven Rechte des Vergütungsschuldners. Ähnlich wirkt sich eine nachträgliche Gebührenanhebung auf die Kostenerstattungsansprüche, die aus bereits laufenden Prozessen resultieren, aus, weil sie den Erstattungsschuldner dazu verpflichtet, dem Betrag nach höhere Kosten zu tragen als er nach dem bisherigen, im Zeitpunkt der Eingehung des Prozeßrechtsverhältnisses geltenden Recht hätte tragen müssen.

Diese Auswirkungen legen es nahe, in einer rückwirkenden Anwaltsgebührenerhöhung eine Minderung der sich aus den von ihr betroffenen Rechtsverhältnissen ergebenden subjektiven Rechte und damit einen Eingriff in durch die verfassungsrechtliche Eigentumsgarantie geschützte vermögenswerte Privatrechte zu sehen, der nur unter den vom BVerfG entwickelten Voraussetzungen zulässig ist; die rückwirkende Gebührenerhöhung müßte also durch Gründe des öffentlichen Interesses unter Berücksichtigung des Grundsatzes der Verhältnismäßigkeit gerechtfertigt sein[174]. Diese Schlußfolgerung könnte u. a. einen Teil der Gesetzesmaterialien zu den bisherigen Gebührenerhöhungen für sich in Anspruch nehmen, die deutlich erkennen lassen, daß sich der Gesetzgeber bewußt war, mit einer rückwirkenden Gebührenänderung in bestehende Vertragsverhältnisse und laufende Rechtsverhältnisse einzugreifen[175].

---

[173] Siehe dazu und zum folgenden im einzelnen oben B. I. 4. a).

[174] Vgl. BVerfGE 31, 275 (290); 36, 281 (293); 58, 81 (121).

[175] Sehr deutlich z. B. BT-Drucks. II/2545, S. 286: „Die neue Bundesgebührenordnung für Rechtsanwälte *soll nicht in laufende Geschäftsbesorgungsverträge eingreifen*. Absatz 4 sieht daher vor, daß für die Gebühren aus Aufträgen, die vor dem Inkrafttreten des Gesetzes erteilt worden sind, grundsätzlich noch das bisherige Recht gilt. Wenn nach dem Inkrafttreten des Gesetzes eine Berufung, eine Revision oder eine Beschwerde eingelegt wird, soll nach dem Entwurf jedoch neues Recht gelten, weil vor der Einlegung

Indes steht zu erwarten, daß das *BVerfG* unter Fortführung seiner bisherigen Rechtsprechung zu den verfassungsrechtlichen Grenzen rückwirkender Gebührenerhöhungen[176] einen Eingriff in durch Art. 14 GG geschützte vermögenswerte Rechte verneinen wird. Nach Auffassung des Gerichts beinhalten nämlich die zwischen dem rechtsuchenden Bürger und dessen Rechtsanwalt geschlossenen Verträge „mangels abweichender Vereinbarung die Verpflichtung, die *der jeweiligen Rechtslage* entsprechenden Gebühren und Auslagen zu zahlen"[177]. Entsprechendes gilt nach dieser Rechtsprechung auch für das z. B. im Zivilgerichtsverfahren entstehende gesetzliche Schuldverhältnis, das den Kostenerstattungsanspruch auslöst; es „verpflichtet, was die Kosten des Rechtsstreits anlangt, die Prozeßpartei, die für sie nach der *jeweils gültigen gesetzlichen Regelung* fällig werdenden Gebühren zu tragen"[178].

Die Vergütungsregelungen des BGB bzw. die gesetzlichen Regelungen der Kostenerstattungspflicht verweisen demnach nicht statisch auf die im Zeitpunkt der Begründung des Vertrags- bzw. des Prozeßrechtsverhältnisses geltende BRAGO, sondern dynamisch auf die jeweils geltende Gebührenordnung. Mit anderen Worten: Nach dem konkreten Vertragsinhalt bzw. dem konkreten Inhalt des gesetzlichen Schuldverhältnisses wird die nach der jeweils geltenden BRAGO zu berechnende Vergütung geschuldet. Besteht aber die jeweilige Zahlungsverpflichtung

eines solchen Rechtsmittels regelmäßig neue Entschlüsse zu fassen sind" und BT-Drucks. 8/3691, S. 20 f.: „Nach der vorgeschlagenen Übergangsvorschrift soll für Tätigkeiten, mit denen der Rechtsanwalt unter Geltung des bisherigen Rechts beauftragt worden war, das bisherige Recht gelten. Das ... vermeidet ... einen *Eingriff in bestehende Vertragsverhältnisse* ... Da kein Grund besteht, die Gebührenerhöhung möglichst spät wirksam zu lassen, braucht ein *Eingriff in bestehende Vertragsverhältnisse* nur insoweit vermieden zu werden, als bereits ein unbedingter Auftrag erteilt ist"; Hervorhebungen hinzugefügt. Vgl. auch *F. Riedel / H. Sußbauer* (FN 13), Rdnr. 7, 10 vor § 1: Mit der Übergangsvorschrift des KostÄndG 1975 (FN 33) sollte das neue Recht den „unter anderem Rechtszustand entstandenen Mandatsverhältnissen nicht aufgezwungen" werden; ferner *W. Göttlich / A. Mümmler*, Bundesgebührenordnung für Rechtsanwälte, 12. Aufl., Flensburg 1976, S. 1272 f.

[176] BVerfGE 11, 139.

[177] BVerfGE 11, 139 (145); Hervorhebung hinzugefügt. Das *BVerfG* bezog diese Aussage nur auf den „Dienstvertrag zwischen der Prozeßpartei und ihrem Rechtsanwalt". Da der Dienstvertrag, mit dem sich der Anwalt zur Führung eines Prozesses verpflichtet, hinsichtlich der Vergütung rechtlich jedoch nicht anders ausgestaltet ist als Verträge, mit denen sich der Anwalt zu anderen Tätigkeiten verpflichtet (dazu oben B. I. 4. a), dürften auch diese Verträge mangels abweichender Vereinbarung die Verpflichtung enthalten, die nach der jeweils gültigen gesetzlichen Regelung zu leistenden Gebühren zu zahlen.

[178] BVerfGE 11, 139 (145); Hervorhebung hinzugefügt. Diese Aussage wurde zwar nur auf das „zwischen der Prozeßpartei und dem Staat" entstehende gesetzliche Schuldverhältnis bezogen; für das zwischen den Parteien bestehende gesetzliche Schuldverhältnis kann jedoch nichts anderes gelten.

nur nach Maßgabe der jeweils geltenden gesetzlichen Gebührenregelung, so kann eine nachträgliche Gebührenanhebung schon allein deshalb nicht als Eingriff in vermögenswerte Privatrechte angesehen werden, weil bei der Bestimmung der Höhe der Zahlungsverpflichtung von
Anfang an eine mögliche Änderung der BRAGO zu berücksichtigen
war[179]. Bei Zugrundelegung der bisherigen bundesverfassungsgerichtlichen Rechtsprechung wird die verfassungsrechtliche Eigentumsgarantie also durch rückwirkende Anwaltsgebührenerhöhungen nicht ver-
letzt.

3. Rückwirkende Anwaltsgebührenerhöhungen auf dem Prüfstand des allgemeinen Rückwirkungsverbots (Art. 2 Abs. 1 GG i. V. m. dem Rechtsstaatsprinzip)

Da die betroffenen Rechtspositionen nicht durch Art. 14 GG gegen
nachträgliche Gebührenanhebungen geschützt sind, gewinnt der allgemeine Grundsatz des Vertrauensschutzes für die verfassungsrechtliche
Prüfung rückwirkender Anwaltsgebührenerhöhungen wieder eigenstän-
dige Bedeutung[180]. Das allgemeine Rückwirkungsverbot schützt nämlich
auch vor rückwirkenden Eingriffen in Rechtslagen des Staatsbürgers,
mit denen dieser in dem Zeitpunkt, von dem ab sie gelten sollen, nicht
rechnen konnte, die er also bei verständiger Vorausschau im privaten
und beruflichen Bereich nicht zu berückichtigen brauchte[181]. Denn der
Einzelne soll sich bei seinen Dispositionen grundsätzlich auf das jeweils
geltende Recht verlassen können und ist — soweit sein Vertrauen auf
die jeweilige Rechtslage berechtigt ist — zumindest dann durch die
Verfassung geschützt, wenn ein Gesetz, mit dem er nicht zu rechnen
brauchte, in bestehende Rechtspositionen entwertend eingreift[182]. Dementsprechend kann ein neues Gesetz den verfassungsrechtlichen Grundsatz des Vertrauensschutzes insbesondere dann verletzen, wenn es
„einen entwertenden Eingriff vornimmt, mit dem der Betroffene nicht
zu rechnen brauchte, den er also bei seinen *Dispositionen* nicht berücksichtigen konnte"[183]. Die verfassungsrechtlichen Grenzen für den Erlaß
rückwirkend-belastender Gesetze sind in ihrem Anwendungsbereich
nicht auf Abgabengesetze und andere Gesetze, die Ge- und Verbotsnor-
men enthalten, beschränkt, sondern gelten für alle Normen, die eine
bestehende Rechtsposition verschlechtern[184].

---

[179] Vgl. auch BVerfGE 11, 139 (147 unten); vgl. ferner BVerfGE 20, 31 (34).
[180] Vgl. BVerfGE 45, 142 (168).
[181] Vgl. *G. Leibholz / H. J. Rinck / D. Hesselberger* (FN 154), Rdnr. 43 zu
Art. 20 m. Nachw. auf die Rechtsprechung des *BVerfG.*
[182] Vgl. BVerfGE 51, 356 (362 f.); 59, 128 (164 f.).
[183] So BVerfGE 51, 356 (363) zur „unechten Rückwirkung"; Hervorhebung
hinzugefügt. Ähnlich z. B. BVerfGE 14, 288 (297 f.).
[184] BVerfGE 30, 367 (386).

Für gesetzliche Anhebungen der Anwaltsgebühren, die auch bereits laufende Anwaltsverträge und bereits laufende Prozesse dem Anwendungsbereich des neuen Rechts unterstellen, steht außer Zweifel, daß sie prinzipiell belastende Rückwirkung entfalten, weil sie die Rechtslage nachträglich zu Lasten eines der an dem jeweiligen Rechtsverhältnis Beteiligten einseitig-nachteilig verändern: Bei im übrigen unverändert fortbestehendem Inhalt des jeweiligen Rechtsverhältnisses erlegen sie einem Beteiligten nachträglich ein tatsächliches „Mehr an Leistungsverpflichtung" auf[185]. BVerfG[186], Gesetzgeber[187] und Literatur[188] stimmen deshalb jedenfalls im Grundsatz darin überein, daß Gebührenerhöhungen, die auch während der Geltung des alten Rechts begründete Rechtsverhältnisse erfassen, Rückwirkung entfalten.

Keine oder nur teilweise Einigkeit besteht hingegen darüber, wie diese Rückwirkungsgesetze inhaltlich im einzelnen ausgestaltet sein müssen, um den verfassungsrechtlichen Anforderungen zu genügen. Dabei ist insbesondere umstritten, ob die üblicherweise verwendeten gesetzlichen Übergangsvorschriften echte oder unechte Rückwirkung entfalten und unter welchen Voraussetzungen die einzelnen Typen von Übergangsvorschriften einer Überprüfung am Maßstab des Rückwirkungsverbots standhalten.

a) Echte oder unechte Rückwirkung?

Nach den vom *BVerfG* entwickelten Kriterien zur Abgrenzung der beiden Rückwirkungsarten liegt eine echte Rückwirkung dann vor, wenn das Gesetz nachträglich ändernd in abgewickelte, der Vergangenheit angehörende Tatbestände eingreift[189].

Hierzu zählen zunächst regelmäßig diejenigen Gesetze, die den Zeitpunkt ihres Inkrafttretens auf einen Stichtag zurückdatieren, der vor dem Tag der Verkündung liegt[190]. Bei den hier untersuchten[191], seit 1957 durchgeführten Anwaltsgebührenerhöhungen haben derartige Regelungen in keinem einzigen Fall Verwendung gefunden; stets traten die Er-

---

[185] Siehe dazu im einzelnen oben B. I. 4.

[186] BVerfGE 11, 139 (145 ff., 148 f.).

[187] Z. B. BT-Drucks. II/2545, S. 285 f.; 7/3243, S. 15; 8/3691, S. 20 f.

[188] Z. B. *F. Lappe*, Rpfleger 1980, S. 454 ff.; *A. Mümmler*, JurBüro 1980, Sp. 1761 ff. (Sp. 1769 f.); vgl. auch *F. Riedel / H. Sußbauer* (FN 13), Rdnr. 7 ff. vor § 1 und *W. Göttlich / A. Mümmler* (FN 175), S. 1272 f.

[189] BVerfGE 11, 139 (145 f., 148); 14, 288 (297); 30, 392 (401). Siehe dazu bereits oben B. II. 1. a) m. weit. Nachw.

[190] *V. Götz* (FN 63), S. 426 ff. m. weit. Nachw. aus der Rechtsprechung des *BVerfG; K. Stern* (FN 150), S. 389; vgl. auch *H. J. Wolff / O. Bachof* (FN 163), S. 145.

[191] Zur Eingrenzung des Untersuchungsgegenstandes siehe oben B. I. 1.

höhungen erst nach dem Tag der Verkündung in Kraft[192]. Dennoch liegt
die Zurückdatierung des Inkrafttretens von Gebührenerhöhungsgeset-
zen auf einen vor der Verkündung liegenden Zeitpunkt im Bereich des
Anwaltsgebührenrechts nicht außerhalb jeder Wahrscheinlichkeit, wie
das Beispiel des KostMaßnG 1952[193] zeigt. In dem Schlußartikel des damaligen Gesetzes hatte der Gesetzgeber nämlich den Zeitpunkt des Inkrafttretens auf einen Tag festgelegt, der vor der Verkündung des Gesetzes lag[194]. Sollte sich der Gesetzgeber bei zukünftigen Gebührenerhöhungen für die Aufnahme einer entsprechenden oder vergleichbaren
Regelung über den Zeitpunkt des Inkrafttretens entscheiden, so würde
ein Fall der echten Rückwirkung vorliegen. Das Gesetz müßte dann den
verfassungsrechtlichen Anforderungen genügen, die an Gesetze mit echter Rückwirkung gestellt werden.

Gesetzen, bei denen die echte Rückwirkung bereits an den Schlußvorschriften über den Zeitpunkt des Inkrafttretens abgelesen werden
kann, können solche Gesetze gleichstehen, die zwar erst nach ihrer Verkündung in Kraft treten, bei denen sich der Gesetzgeber aber anderer
Regelungstechniken bedient, die im Ergebnis ebenfalls zu einer echten
Rückwirkung führen[195]. Tritt z. B. ein Gesetz erst nach seiner Verkündung in Kraft und ordnen die in dem Gesetz enthaltenen Übergangsvorschriften an, daß von der Neuregelung auch solche Tatbestände erfaßt werden sollen, die bereits in der Vergangenheit abgewickelt worden sind, so unterscheidet sich dieses Gesetz von einem Gesetz, das sein
Inkrafttreten auf einen vor der Verkündung liegenden Zeitpunkt zu-
rückdatiert, allein in der gesetzestechnischen Ausgestaltung der echten
Rückwirkung. Denn in beiden Fällen werden in der Vergangenheit bereits abgewickelte Sachverhalte einer gesetzlichen Neuregelung unterworfen. Ob sich ein Gesetz — unabhängig von der Regelung des Inkrafttretens — echte oder unechte Rückwirkung beilegt, ist nach ständiger Verfassungsrechtsprechung jeweils im Einzelfall nach dem jeweils
in Betracht kommenden gesetzlichen Tatbestand zu beurteilen[196]. Es ist
deshalb bei der weiteren Prüfung zwischen den einzelnen Rechtsverhältnissen, die von der rückwirkenden Anwaltsgebührenerhöhung betroffen werden, nämlich zwischen nicht in Zusammenhang mit einem

---

[192] Dazu oben FN 62.

[193] FN 133.

[194] Nach Art. 19 KostMaßnG 1952 trat das am 8. August 1952 verkündete
Gesetz am 1. August 1952 in Kraft. Das *BVerfG* (BVerfGE 11, 139 [148]) hat
hierin einen Fall der echten Rückwirkung gesehen.

[195] Vgl. die Nachw. in FN 190.

[196] Vgl. BVerfGE 30, 392 (402 f.) unter Hinweis auf BVerfGE 13, 274 (277);
18, 135 (142 f.); 19, 119 (127); 23, 12 (32); 24, 220 (230) und ferner *B. Schmidt-
Bleibtreu / F. Klein* (FN 163).

Prozeß stehenden Anwaltsverträgen einerseits und Prozeßrechtsverhältnissen andererseits, zu unterscheiden.

aa) Anwaltsverträge

Werden die gesetzlichen Gebühren für Rechtsanwälte erhöht, so steht
der Gesetzgeber stets vor der Frage, ob er die noch unter der Geltung
des alten Rechts zwischen rechtsuchenden Bürgern und einzelnen
Rechtsanwälten geschlossenen Verträge[197] dem neuen Recht unterwerfen soll oder ob für diese Verträge die alte Gebührenordnung fortgelten
soll. Diese Frage ist bislang stets durch eine Übergangsvorschrift beantwortet worden; dabei ging der Gesetzgeber offensichtlich davon aus,
daß die Anwendung des neuen Rechts auf laufende Anwaltsverträge
eine unechte Rückwirkung darstellt[198]. In der bisherigen Praxis hat sich
der Gesetzgeber abwechselnd für zwei unterschiedliche Übergangsregelungen entschieden, von denen sich — bezogen auf laufende Anwaltsverträge, die nicht in Zusammenhang mit einem Prozeß stehen — nur
eine Übergangslösung Rückwirkung beilegt[199]:

Soweit der Gesetzgeber bei den bisherigen Gebührenanhebungen die
Übergangsregelung (1) gewählt hat[200], bildete der Zeitpunkt der Beendigung der Angelegenheit die Zäsur für die Anwendung des alten und
des neuen Rechts. Damit wurden Anwaltsverträge, die noch unter der
Geltung des alten Rechts begründet worden sind, bei Inkrafttreten des
neuen Rechts aber noch nicht beendigt waren, dem neuen Recht unterworfen. Der Gesetzgeber bestimmte also nachträglich höhere Gebühren als diejenigen Gebühren, die im Zeitpunkt des Vertragsbeginns zu
zahlen gewesen wären. Sieht man mit dem Gesetzgeber als Anknüpfungspunkt für die gesetzliche Neuregelung insoweit die „laufenden
Angelegenheiten", so handelt es sich um einen Fall der unechten Rückwirkung[201], weil das Gesetz auch auf gegenwärtige, noch nicht abgeschlossene und nicht nur auf zukünftige Sachverhalte und Rechtsbeziehungen einwirkt.

Anders verhält es sich dagegen, soweit sich der Gesetzgeber bei den
bisherigen Gebührenanhebungen für die *Übergangsregelung (2)* ent-

---

[197] Zum Inhalt dieser Verträge siehe oben B. I. 4. a).

[198] Vgl. BT-Drucks. II/2545, S. 286; 7/3243, S. 15; 8/3691, S. 20 f.; Stenographisches Protokoll über die 53. Sitzung des Rechtsausschusses am 29. Januar 1975, S. 14 ff.; vgl. auch *F. Riedel / H. Sußbauer* (FN 13), Rdnr. 7 ff. vor
§ 1 und *W. Göttlich / A. Mümmler* (FN 175), S. 1272 f.

[199] Zur Ausgestaltung der beiden Übergangsregelungen siehe im einzelnen
oben B. I. 3. b).

[200] Siehe FN 65 und 67.

[201] So BT-Drucks. 7/3243, S. 15; Stenographisches Protokoll über die 53. Sitzung des Rechtsausschusses am 29. Januar 1975, S. 15; vgl. auch BT-Drucks.
II/2545, S. 285 f. und *F. Lappe*, Rpfleger 1980, S. 454 ff.

schieden hat[202]. Nach dieser Übergangsregelung ist nämlich nicht der Zeitpunkt der Beendigung der Angelegenheit, sondern der Zeitpunkt der Auftragserteilung die Zäsur für die Anwendung neuen und alten Rechts. Wurde der Auftrag vor dem Inkrafttreten des neuen Rechts erteilt, so findet für die Berechnung der Anwaltsgebühren das alte Recht Anwendung. Nur wenn der Auftrag nach dem Inkrafttreten des neuen Rechts erteilt wird, ist auch für die Gebührenberechnung das neue Recht anwendbar. Damit wird jeglicher Eingriff in laufende Verträge, die nicht in Zusammenhang mit einem Prozeß stehen, vermieden, weil all jene Aufträge, die beim Inkrafttreten der Neuregelung bereits erteilt waren, vor dem (zeitlichen) Anwendungsbereich des neuen Rechts ausgenommen bleiben. Bei der Verwendung der Übergangsregelung (2) liegt in diesem Zusammenhang demnach also weder eine echte noch eine unechte Rückwirkung vor[203].

bb) Prozeßrechtsverhältnisse

Die Rückwirkungsproblematik stellt sich über die soeben dargestellten Vertragsverhältnisse hinausgehend auch hinsichtlich der Rechtsverhältnisse, die in Zusammenhang mit einem laufenden Prozeß stehen[204]. Auch hier steht der Gesetzgeber bei Anwaltsgebührenerhöhungen vor dem Problem, ob die aufgrund der noch unter der Geltung des alten Rechts begründeten bzw. eingegangenen Rechtsverhältnisse zu entrichtenden Anwaltsgebühren nach dem alten oder nach dem neuen Recht berechnet werden sollen.

Nach der Rechtsprechung des *BVerfG* würde sich eine Übergangsvorschrift, die auch die Gebühren für vor Inkrafttreten des Gesetzes beendigte Verfahren oder Instanzen dem neuen Recht unterstellt, echte Rückwirkung beilegen[205]. In der bisherigen Gesetzgebungspraxis wurde

---

[202] Siehe FN 68 und 69.

[203] Vgl. die Nachw. in FN 198.

[204] Zum Inhalt dieser Rechtsverhältnisse siehe oben B. I. 4. a) bb).

[205] In BVerfGE 11, 139 (145 ff.) bewertete das Gericht die durch Art. 16 KostMaßnG 1952 angeordnete Anwendung des neuen Rechts auf die vor dem Inkrafttreten des KostMaßnG 1952 „anhängig gewordenen bürgerlichen Rechtsstreitigkeiten …, soweit nicht die Instanz vor dem Tage des Inkrafttretens beendigt war", als unechte Rückwirkung, weil das neue Prozeßkostenrecht „an einen noch nicht der Vergangenheit angehörenden, noch nicht abgewickelten Tatbestand von einiger Dauer, an das bestehende Prozeßrechtsverhältnis" anknüpfte. Demgegenüber qualifizierte das Gericht Art. 19 KostMaßnG 1952 als einen Fall der echten Rückwirkung, soweit durch diese Norm auch diejenigen „die Instanz (oder das Verfahren) beendenden Entscheidungen", die zwar nach dem Inkrafttreten des Gesetzes (1. August 1952), aber vor dessen Verkündung (8. August 1952) ergangen sind, in den Anwendungsbereich des KostMaßnG 1952 einbezogen wurden; Art. 19 KostMaßnG 1952 wirkte nämlich nach Auffassung des *BVerfG* „auch auf den durch (die instanz- oder verfahrensbeendigende Entscheidung) abgeschlossen, in der Vergangenheit liegenden Verfahrensabschnitt" ein (S. 148; Klammerzusatz

eine derartige echte Rückwirkung allerdings stets vermieden, weil der
Gesetzgeber durchwegs die bei Inkrafttreten des Gesetzes bereits abgeschlossenen Verfahren und Instanzen vom Anwendungsbereich des
neuen Gebührenrechts ausgenommen hat[206].

Im übrigen hat sich der Gesetzgeber bislang zweier Übergangsregelungen[207] bedient, welche die Rückwirkungsproblematik unterschiedlich
lösen:

Soweit sich der Gesetzgeber bislang für die Verwendung der *Übergangsregelung (1)* entschieden hat, hat er eine Übergangsvorschrift gewählt, die dem jeweiligen Gesetz Rückwirkung beilegt, weil die in den
davon betroffenen laufenden Rechtsverhältnissen anfallenden Gebühren nach neuem Recht zu berechnen sind. Der Gesetzgeber sieht darin
einen Fall der unechten Rückwirkung[208]. In dieselbe Richtung weisen
auch einzelne Stellungnahmen seitens der Literatur[209] und die bisherige
Rechtsprechung des *BVerfG* zur rückwirkenden Gebührenerhöhung[210].
Gegen diese Bewertung der Übergangsregelung (1) als unechte Rückwirkung hat *F. Lappe* Bedenken angemeldet, weil die Gebühren „teilweise bereits vor Beendigung der Instanz durch Erfüllung der entsprechenden Gebührentatbestände ... abschließend entstanden" seien[211]. Insoweit greife „das Gesetz also ‚nachträglich ändernd in abgewickelte,
der Vergangenheit angehörende Tatbestände' ein, so daß es sich um eine
echte, ‚retroaktive' Rückwirkung handeln könnte; zumindest aber" liege
„die unechte Rückwirkung insoweit dicht bei der echten"[212]. Die von
F. Lappe geäußerten Bedenken können u. a. für sich in Anspruch neh-

---

hinzugefügt). Nach der bundesverfassungsgerichtlichen Rechtsprechung ist
der noch nicht abgewickelte Tatbestand, auf den neues Gebührenrecht im
Hinblick auf laufende Prozesse gegebenenfalls einwirkt, zunächst das Pro-
zeßrechtverhältnis, also ein Tatbestand, der abgeschlossen ist, wenn der
anhängige Prozeß insgesamt beendet ist. Gleichzeitig stellt nach den Ausführungen des Gerichts aber auch die beendete Instanz einen abgeschlossenen, in der Vergangenheit liegenden Verfahrensabschnitt dar. Dies läßt die
Schlußfolgerung zu, daß innerhalb des Gesamttatbestandes „Prozeßrechtsverhältnis" einzelne absonderbare Verfahrensabschnitte, nämlich beendete
Instanzen, ihrerseits wiederum die Voraussetzungen eines abgeschlossenen
(Teil-)Tatbestandes erfüllen. Vgl. zu dieser Problematik von BVerfGE 11,
139 auch *B. Pieroth* (FN 135), S. 35, 80 f., 228 f.; vgl. auch ebenda, S. 27, 53.

[206] Siehe oben B. I. 3. b) bb).

[207] Zu Inhalt und bisheriger Verwendung der beiden Übergangsregelungen
siehe im einzelnen oben B. I. 3. b).

[208] Vgl. BT-Drucks. II/2545, S. 285 f.; 7/3243, S. 15; 8/3691, S. 20 f.; Stenographisches Protokoll über die 53. Sitzung des Rechtsausschusses am 29. Januar 1975, S. 14 f.

[209] *F. Riedel / H. Sußbauer* (FN 13), Rdnr. 7 ff. vor § 1 und *W. Göttlich /
A. Mümmler* (FN 175), S. 1272.

[210] Vgl. BVerfGE 11, 139 (145 ff.).

[211] Rpfleger 1980, S. 454 ff. (S. 454).

[212] So *F. Lappe* (FN 211).

men, daß der Gesetzgeber selbst bei einer früheren Gebührenrechtsänderung die *Entstehung der Gebühr* als entscheidenden Bezugspunkt für
die Rückwirkung der Gebührenerhöhung angesehen hat[213]. Dies legt es
nahe, bei einer nachträglichen Anhebung von bereits entstandenen Gebühren — ähnlich wie dies das *BVerfG* in anderem Zusammenhang bei
einzelnen innerhalb eines laufenden Zivilrechtsverhältnisses abgeschlossenen Tatbeständen beispielhaft vorgeführt hat[214] — eine echte Rückwirkung anzunehmen und die Gebührenerhöhung insoweit am Maßstab
der für die echte Rückwirkung entwickelten verfassungsrechtlichen
Grundsätze zu messen. Es steht allerdings zu erwarten, daß das *BVerfG*
trotz dieser Bedenken unter Fortführung seiner bisherigen Rechtsprechung zur rückwirkenden Gebührenerhöhung die in der Übergangsregelung (1) enthaltene Rückwirkung als unechte Rückwirkung bewerten
wird.

Soweit sich der Gesetzgeber bei den bisherigen Gebührenanhebungen
für die Verwendung der *Übergangsregelung (2)* entschieden hat, ver-
suchte er eine Rückwirkung dadurch zu vermeiden, daß er diejenigen
gerichtlichen Verfahren, für die vor dem Inkrafttreten des Gesetzes der
Auftrag erteilt oder der Anwalt vor dem Inkrafttreten der Neuregelung
gerichtlich bestellt oder beigeordnet worden ist, vom Anwendungsbereich des neuen Rechts ausnahm. Für die laufenden Rechtszüge (gerichtliche Instanzen) stellt sich deshalb bei der Verwendung dieser Übergangsregelung das Problem der Rückwirkung nicht, weil für die Berechnung der in diesen Verfahrensabschnitten anfallenden Gebühren
das alte Recht maßgebend bleibt. Soweit aber nach dem Inkrafttreten
der Neuregelung ein Rechtsmittel eingelegt wird, gilt nach der Übergangsregelung (2) allerdings für die im Rechtsmittelverfahren anfallenden Gebühren das neue Anwaltsgebührenrecht. Ausweislich der Gesetzesmaterialien wurde die Erstreckung des neuen Gebührenrechts auf
die Rechtsmittelinstanz u. a. damit begründet, daß vor der Einlegung

---

[213] BT-Drucks. II/2545, S. 285: „In den Übergangsvorschriften zu früheren
Kostengesetzen ist häufig bestimmt worden, daß das neue Recht auf die vor
seinem Inkrafttreten anhängig gewordenen bürgerlichen Rechtsstreitigkeiten
anzuwenden ist, soweit nicht die Instanz vor dem Inkrafttreten des Gesetzes
beendigt war. Solche Übergangsvorschriften wirken also zurück, da sich auch
die Kosten, die in der laufenden Instanz schon vor dem Inkrafttreten des
Gesetzes *entstanden* sind, nach neuem Recht bestimmen. ... Es wäre ferner
nicht zweckmäßig, wenn das neue Recht für alle Kosten gelten würde, die
nach dem Inkrafttreten des Gesetzes *entstehen*. Eine solche Regelung würde
zwar nicht zurückwirken. Es würden aber Überschneidungen und Berech-
nungsschwierigkeiten entstehen, weil in der laufenden Instanz verschiedene
Rechte anzuwenden sein würden"; Hervorhebungen hinzugefügt. Die Ausführungen in den Gesetzesmaterialien dürften sich auf die *echte* Rückwirkung beziehen, weil im Zeitpunkt des damaligen Gesetzentwurfs (1956) die
Kategorie der unechten Rückwirkung vom *BVerfG* noch nicht ausgebildet
worden war.
[214] Vgl. BVerfGE 18, 70 (80 ff.).

des Rechtsmittels „regelmäßig neue Entschlüsse zu fassen" seien[215] und erst im Fall der Erfolglosigkeit der jeweiligen Instanz der unbedingte Auftrag zur Einlegung eines Rechtsmittels erteilt werden könne[216]. Indes kann diese Argumentation nicht darüber hinwegtäuschen, daß sich die Übergangsregelung (2) insoweit unechte Rückwirkung beilegt, als sie die erst nach Inkrafttreten des neuen Gebührengesetzes begonnenen Rechtsmittelinstanzen dem neuen Recht unterwirft. Die unechte Rückwirkung beruht darauf, daß nach der bisherigen Rechtsprechung des *BVerfG* der Sachverhalt, an den nachträgliche Gebührenänderungen anknüpfen, nicht die laufende Instanz, sondern der „anhängige Prozeß" bzw. das „bestehende Prozeßrechtsverhältnis" ist[217], also ein Sachverhalt, der regelmäßig erst mit der Rechtskraft der jeweiligen verfahrensbeendigenden Entscheidung abgeschlossen und endgültig abgewickelt ist[218]. Die bundesverfassungsgerichtliche Rechtsprechung trägt damit dem dynamischen Charakter des Prozesses[219] Rechnung. Sie ist schon allein deshalb sachgerecht, weil nach der Einleitung eines Prozesses der weitere Verfahrensverlauf nicht mehr allein über den Auftrag an den Rechtsanwalt gesteuert werden kann (z. B. Rechtsmitteleinlegung durch den Gegner), ganz abgesehen davon, daß der dem Anwalt erteilte Auftrag vielfach darauf gerichtet sein wird, den jeweiligen Rechtsstreit gegebenenfalls „bis zur letzten Instanz" auszutragen. Bezogen auf die Prozeßrechtsverhältnisse wird eine unechte Rückwirkung demnach nur dann vermieden, wenn der Gesetzgeber laufende Prozeßrechtsverhältnisse, also laufende Prozesse, gänzlich vom Anwendungsbereich des neuen Rechts ausnimmt. Gesetzestechnisch könnte dies z. B. durch Verwendung der Übergangsregelung (2)[220] erreicht werden, wenn der in dieser Übergangsvorschrift enthaltene Satz 2[221] ersatzlos gestrichen wird. Wenngleich nach alledem auch die Übergangsregelung (2) dem jeweiligen Gebührenänderungsgesetz unechte Rückwirkung beilegt, so besteht zwischen ihr und der Übergangsregelung (1) doch ein gewichtiger quantitativer Unterschied, weil sie laufende Sachverhalte mit geringerer Intensität als die Übergangsregelung (1) dem neuen Recht unterwirft.

---

[215] BT-Drucks. II/2545, S. 286.

[216] Vgl. BT-Drucks. 8/3691, S. 21.

[217] Vgl. BVerfGE 11, 139 (146).

[218] *L. Rosenberg / K. H. Schwab* (FN 115), S. 11.

[219] Vgl. *B. Pieroth* (FN 135), S. 203 ff., 207 ff.

[220] Zur Formulierung dieser Übergangsvorschrift siehe oben B. I. 3. b) aa) bbb).

[221] „Dies gilt nicht im Verfahren über eine Berufung, eine Revision oder eine Beschwerde gegen eine den Rechtszug beendigende Entscheidung, wenn das Rechtsmittel nach dem Inkrafttreten dieses Gesetzes eingelegt worden ist."

b) Verfassungsrechtliche Grenzen bei echter Rückwirkung

Nach der bundesverfassungsgerichtlichen Rechtsprechung zum Rückwirkungsverbot sind Gesetze mit echter Rückwirkung grundsätzlich nichtig[222]. Dementsprechend verstoßen Anwaltsgebührenerhöhungen, die sich echte Rückwirkung beilegen, grundsätzlich gegen die Verfassung. Folgt man der überwiegenden Meinung in Literatur und Rechtsprechung, dann hat der Gesetzgeber bei den seit 1957 durchgeführten Änderungen des Anwaltsgebührenrechts das für die echte Rückwirkung bestehende grundsätzliche verfassungsrechtliche Verbot stets beachtet; denn keine der in diesem Zeitraum verwendeten Übergangs- und Schlußvorschriften entfaltete echte Rückwirkung[223].

Sollte sich der Gesetzgeber in Zukunft entgegen der bisherigen Gesetzgebungspraxis einer Übergangs- oder Schlußbestimmung bedienen, die dem jeweiligen Gebührenerhöhungsgesetz eine echte Rückwirkung beilegt, dann wäre dies ausnahmsweise nur dann verfassungsrechtlich nicht zu beanstanden, wenn einer der vom *BVerfG* entwickelten Ausnahmetatbestände vom grundsätzlichen Verbot der echten Rückwirkung erfüllt ist, also

„(1) wenn der Bürger nach der rechtlichen Situation in dem Zeitpunkt, auf den der Eintritt der Rechtsfolge vom Gesetz zurückbezogen wird, mit dieser Regelung rechnen mußte,

(2) wenn das geltende Recht unklar und verworren ist,

(3) wenn der Bürger sich nicht auf den durch eine ungültige Norm erzeugten Rechtsschein verlassen darf,

(4) wenn zwingende Gründe des Gemeinwohls, die dem Gebot der Rechtssicherheit übergeordnet sind, eine Rückwirkungsanordnung rechtfertigen"[224].

Die Frage, ob einer dieser Ausnahmetatbestände vorliegt, läßt sich nicht generell, sondern nur für das konkrete zur verfassungsrechtlichen Prüfung anstehende Gesetz beantworten. Nach der bisherigen Praxis ist allerdings nicht zu erwarten, daß der Gesetzgeber ein mit echter Rückwirkung ausgestattetes Gebührenrechtsänderungsgesetz erlassen wird, zumal die Erfüllung der Voraussetzungen für eine der genannten Ausnahmen vom prinzipiellen Verbot der echten Rückwirkung schwerlich vorstellbar ist.

---

[222] Siehe hierzu oben B. II. 1. a).

[223] Dazu im einzelnen oben B. II. 3. a).

[224] So allgemein BVerfGE 18, 429 (439); ähnlich: BVerfGE 13, 261 (272); 30, 367 (387 ff.); 45, 142 (173 f.) m. weit. Nachw. Vgl. ferner: BVerfGE 1, 264 (280); 2, 237 (264 ff.); 2, 380 (405); 7, 89 (94); 8, 274 (304); 11, 64 (77); 19, 187 (197); 48, 1 (25).

c) Verfassungsrechtliche Grenzen bei unechter Rückwirkung

Die bisherigen Untersuchungen haben gezeigt, daß das Problem der nachträglichen Erhöhung von Anwaltsgebühren in der Gesetzgebungspraxis seit 1957 in erster Linie ein Problem der unechten Rückwirkung ist[225]. Wenngleich Gesetze mit unechter Rückwirkung grundsätzlich zulässig sind, ergeben sich nach der Rechtsprechung des *BVerfG* doch auch für die unechte Rückwirkung aus den rechtsstaatlichen Prinzipien der Rechtssicherheit und des Vertrauensschutzes bestimmte verfassungsrechtliche Grenzen, die der Gesetzgeber respektieren muß[226].

Dabei ist es dem Gesetzgeber insbesondere verwehrt, „einen Eingriff vorzunehmen, mit dem die Betroffenen nicht rechnen und den sie daher bei ihren Dispositionen nicht berücksichtigen konnten"[227]. Denn obwohl der verfassungsrechtliche Vertrauensschutz den Staatsbürger nicht vor jeglicher Enttäuschung bewahrt[228], fordert das Rechtsstaatsprinzip doch grundsätzlich, dem Bürger durch unvorhergesehene Gesetzesänderungen keinen Nachteil erwachsen zu lassen[229]. Deshalb ist eine unechte Rückwirkung unzulässig und verfassungswidrig, wenn sie

(1) „in einen Vertrauenstatbestand eingreift" und

(2) „die Bedeutung des gesetzgeberischen Anliegens für die Allgemeinheit das Interesse des Einzelnen am Fortbestand des bisherigen Zustandes nicht übersteigt"[230].

aa) Die BRAGO als Vertrauenstatbestand für Dispositionen des Bürgers

Der Bürger muß der Rechtsordnung und damit auch Einzelgesetzen wie der BRAGO Vertrauen entgegenbringen können. Die dem Rechtsstaatsprinzip innewohnenden Grundsätze der Rechtssicherheit und des Vertrauensschutzes fordern nämlich, daß sich der Bürger auf die rechtlichen Grundlagen seiner Lebensgestaltung im Rahmen der verfassungsmäßigen Ordnung verlassen darf. Der Gedanke des verfassungsrechtlich geschützten Vertrauens in die bestehende Rechtsordnung wurzelt in der Überlegung, daß die Verläßlichkeit des jeweils geltenden Rechts Voraussetzung für die Vorsehbarkeit der rechtlichen Folgen menschlichen Handelns und damit zugleich für eine eigenverantwortliche Le-

---

[225] Dazu eingehend oben B. II. 3. a).

[226] Z. B. BVerfGE 22, 241 (248); 24, 260 (266).

[227] BVerfGE 24, 260 (266) unter Hinweis auf BVerfGE 14, 288 (297 f.); ähnlich z. B. BVerfGE 51, 356 (363).

[228] Vgl. z. B. BVerfGE 24, 220 (230); 48, 403 (416); 50, 386 (396).

[229] Vgl. BVerfGE 14, 288 (299).

[230] BVerfGE 36, 73 (82); 40, 65 (75 f.); vgl. aber auch BVerfGE 48, 403 (416): „Nur wenn die Abwägung ergibt, daß das Vertrauen auf die Fortgeltung der bestehenden Lage den Vorrang verdient, ist die Regelung unzulässig."

bensgestaltung ist. Um auf längere Zeit planen und disponieren zu können, bedarf der Bürger also einer verläßlichen Rechtsordnung; er muß
deshalb jedenfalls in gewissem Umfang auf die Rechtsordnung und damit auch auf Einzelgesetze wie die BRAGO vertrauen können[231].

Die BRAGO ist neben anderen Gesetzen eine der Rechtsgrundlagen
für den Zivilrechtsverkehr und für das Verfahrensrecht. Sie regelt die
Höhe der gesetzlichen Vergütung der Rechtsanwälte[232]. Deshalb orientiert sich der Bürger bei all seinen Dispositionen, die (zumindest auch)
die gesetzliche Vergütung der Rechtsanwälte zum Gegenstand haben,
an dem geltenden Anwaltsgebührenrecht. Jeder, der die Eingehung
eines Rechtsverhältnisses, das u. a. die Verpflichtung zur Entrichtung
von Anwaltsgebühren auslöst, in Erwägung zieht, wird deshalb bei seiner Entscheidung auch seine potentielle Belastung mit Anwaltsgebühren
berücksichtigen und sich hierbei auf die BRAGO stützen, die grundsätzlich die Gebührenhöhe umfassend und vollständig regelt[233]. Oder
anders: Jedesmal, wenn ein Bürger die Beauftragung eines Anwalts mit
der gerichtlichen oder außergerichtlichen Wahrnehmung seiner Interessen in Aussicht nimmt, sind die nach der geltenden Gebührenordnung
entstehenden Anwaltsgebühren zumindest eine wesentliche Grundlage
für seine Entscheidung über die Erteilung des Auftrages. Die Betroffenen richten sich also bei ihren Dispositionen regelmäßig darauf ein,
daß die von der BRAGO an die jeweilige Entscheidung geknüpften
Rechtsfolgen bis zur endgültigen Abwicklung des jeweiligen Rechtsverhältnisses erhalten bleiben und vertrauen damit auf die Verläßlichkeit
des Gesetzes und die Sicherheit des Rechts.

So wird beispielsweise der Bürger, der einen Rechtsanwalt mit der
außergerichtlichen Wahrnehmung seiner Interessen beauftragt, regelmäßig vor der Auftragserteilung die nach der Gebührenordnung anfallenden Gebühren berechnen oder berechnen lassen und diesen Ko-
stenfaktor seiner Entscheidung über die endgültige Auftragserteilung
zugrunde legen.

Ebenso wird derjenige, der z. B. die Durchführung eines Zivilrechts-
streites in Aussicht nimmt, vor der endgültigen Beauftragung eines
Anwalts regelmäßig das Prozeß- und Prozeßkostenrisiko, insbesondere
also auch die ihn im Falle des Unterliegens treffenden eigenen und —
im Rahmen der Kostenerstattung zu tragenden — gegnerischen Anwaltsgebühren abschätzen. Mag die endgültige Höhe der gesamten Pro-
zeßkosten — nicht zuletzt wegen ihrer Abhängigkeit von dem weiteren

---

[231] Vgl. zum Ganzen BVerfGE 13, 215 (223); 13, 261 (271); 22, 330 (347);
30, 272 (285); 45, 142 (174); 48, 403 (415 f.); 63, 343 (357).

[232] § 1 Abs. 1 BRAGO; siehe dazu auch oben B. I. 4.

[233] Vgl. § 2 BRAGO und *F. Riedel / H. Sußbauer* (FN 13), Rdnr. 1 zu § 2.

Verlauf des Prozesses — auch noch „offen" sein, so bietet die Gebührenordnung für den Bürger doch insoweit eine tragfähige Entscheidungs-
grundlage, als er auf sie gestützt das maximale Risiko an Anwaltsgebühren berechnen kann; gerade weil im Rahmen eines laufenden Prozesses zahlreiche anderweitige Kosten „variabel" sind, bedarf der
rechtsschutzsuchende Bürger hinsichtlich der Anwaltsgebühren verläßlicher Grundlagen. Die gesetzliche Gebührenregelung stellt damit eine
der elementaren Grundlagen für die Entscheidung des Einzelnen über
die Eingehung des Risikos eines Prozesses nebst des damit verbundenen
Prozeßkostenrisikos dar. Nur wenn er auf den Fortbestand der gesetzlichen Gebührenregelung vertrauen kann, wird der Prozeß nicht zu
einem nahezu unkalkulierbaren Wagnis[234].

Wenn die Betroffenen mangels anderweitiger verläßlicher Grundlagen demnach regelmäßig auf den Fortbestand des im Zeitpunkt ihrer
Dispositionen geltenden Gebührenrechts vertrauen, so bedeutet dies
allerdings noch nicht, daß dieses Vertrauen auf das geltende Recht „berechtigt" bzw. „schutzwürdig" ist. Der Bürger muß vielmehr auch auf
den Fortbestand des Rechts vertrauen *dürfen*. Denn bei der unechten
Rückwirkung wird das in die Rechtsordnung gesetzte Vertrauen erst
dann in verfassungswidriger Weise enttäuscht, „wenn das Gesetz einen
entwertenden Eingriff vornimmt, mit dem der Betroffene nicht zu
rechnen brauchte, den er also bei seinen Dispositionen nicht berücksichtigen konnte"[235]. Demzufolge kann der Einzelne dann keinen Vertrauensschutz für sich in Anspruch nehmen, wenn die jeweilige Rechts-
änderung vorhersehbar war *und* er sich bei seinen Dispositionen darauf
einrichten konnte. Von diesem Ansatzpunkt ausgehend könnten gegen
die Schutzwürdigkeit des Vertrauens auf die durch die BRAGO geschaffene Rechtslage insbesondere zwei Aspekte ins Feld geführt werden, die aber bei genauerer Betrachtung die Gewichtigkeit des durch
die BRAGO geschaffenen Vertrauenstatbestandes allenfalls leicht ab-
schwächen, keineswegs aber die Schutzwürdigkeit des dem jeweils geltenden Gebührenrecht entgegengebrachten Vertrauens völlig beseitigen:

(1) Gegen die sachliche Berechtigung des in die BRAGO gesetzten
Vertrauens könnte zunächst vorgebracht werden, daß das Prozeßkostenrecht als Teilbereich des Verfahrensrechts nach einem allgemein anerkannten Grundsatz mangels besonderer Vorschriften „sofort in Kraft
tritt, und zwar auch in laufenden Angelegenheiten"[236]. Der Grundsatz,
daß Prozeßrecht vom Zeitpunkt seines Inkrafttretens an auch anhängige

---

[234] Vgl. dazu auch *F. Lappe*, Rpfleger 1980, S. 454 ff. (S. 455).

[235] BVerfGE 51, 356 (363); vgl. auch BVerfGE 14, 288 (297 f.); 24, 260 (266).

[236] So *F. Riedel / H. Sußbauer* (FN 13), Rdnr. 11 vor § 1; vgl. auch *L. Rosenberg / K. H. Schwab* (FN 115), S. 27; *G. Leibholz / H. J. Rinck / D. Hesselberger*
(FN 154), Rdnr. 47 j zu Art. 20.

Verfahren erfaßt und der Bürger deshalb nicht darauf vertrauen kann, daß das Verfahrensrecht nicht geändert wird, wurde auch in den Entscheidungen des *BVerfG* mehrfach hervorgehoben[237].

Diese Argumentation ist aber im Bereich des Anwaltsgebührenrechts nur wenig belastbar. Denn die BRAGO regelt neben dem Prozeßkostenrecht jedenfalls insoweit materielles Zivilrecht, als sie die Berechnungsgrundlagen für diejenigen Anwaltsvergütungen bereitstellt, die in keinerlei Zusammenhang mit einem laufenden Verfahren, Prozeß oder ähnlichem stehen[238]. Sie betrifft überdies auch hinsichtlich der Rechtsverhältnisse, die in Zusammenhang mit einem laufenden Prozeß stehen, zumindest auch materielle Rechtspositionen, nämlich die vertragliche Anwaltsvergütung und die im Kostenerstattungsanspruch aufgehende Vergütung des gegnerischen Anwalts[239], mögen diese materiellen Rechtspositionen wie etwa der Kostenerstattungsanspruch in Zivilrechtsstreitigkeiten auch im Verfahrensrecht geregelt und in das Prozeßrecht eingebettet sein[240].

Außerdem bezogen sich die angesprochenen Entscheidungen des *BVerfG* überwiegend auf *reines Verfahrensrecht*[241]. Demgegenüber hat das Gericht die Überlegung, daß der Bürger bei seinen Dispositionen nicht auf den unveränderten Fortbestand von Verfahrensrecht vertrauen dürfe, in einem anderen Fall der rückwirkenden Prozeßrechtsänderung, die sich auf die wirtschaftliche Kalkulationsgrundlage von Verträgen auswirkte, nämlich bei der (unecht-zurückwirkenden) Einführung von § 6 a AbzG (Gerichtsstand für Klagen aus Abzahlungsgeschäften), nicht aufgegriffen, sondern — ohne den Vertrauensschutz generell auszuschließen — eine Abwägung zwischen dem Vertrauen des Einzelnen auf den Fortbestand der bisherigen gesetzlichen Regelung und der Bedeutung des gesetzgeberischen Anliegens für das Wohl der Allgemeinheit vorgenommen[242]. Und schließlich stellte das *BVerfG* in einer erst jüngst ergangenen Entscheidung ausdrücklich klar, daß „auch Verfahrensordnungen ... Vertrauenspositionen (begründen können), zu-

---

[237] Vgl. BVerfGE 11, 139 (146); 24, 33 (55); 39, 156 (167).

[238] Vgl. dazu oben B.I. 4. a) aa).

[239] Vgl. oben B. I. 4. a) bb).

[240] Vgl. z. B. § 91 ZPO; zum materiell-rechtlichen Charakter des Kostenerstattungsanspruchs siehe z. B. *F. Lappe* (FN 106), S. 138.

[241] So betraf etwa BVerfGE 24, 33 den Ausschluß der Verfassungsbeschwerde durch das Vertragsgesetz zum Zusatzabkommen zum deutschniederländischen Finanzvertrag und BVerfGE 39, 156 die Neuregelung des Verteidigerrechts im Strafverfahren; BVerfGE 11, 139 untersuchte die rückwirkende Gebührenerhöhung — wie bereits ausgeführt — lediglich auf den konkreten Einzelfall bezogen. Vgl. ferner die bei *L. Rosenberg / K. H. Schwab* (FN 236) und *G. Leibholz / H. J. Rinck / D. Hesselberger* (FN 236) angeführten Beispiele, die sich ebenfalls auf *reines* Verfahrensrecht beziehen.

[242] BVerfGE 31, 222 (225 ff.).

mal im Rahmen bereits anhängiger Verfahren oder gegebener Verfah-
renslagen"[243]; Änderungen des Verfahrensrechts können nach diesem
Beschluß derart intensive Auswirkungen haben, daß sie „den allgemeinen wirtschaftlichen Dispositionen eines Schuldners nachträglich die
Grundlage entziehen"[244].

Faßt man diese Gesichtspunkte zusammen, dann kann die grundsätzliche Schutzwürdigkeit des der BRAGO entgegengebrachten Vertrauens
nicht allein mit dem Hinweis auf den „allgemein anerkannten Grundsatz", wonach Verfahrensrecht mangels besonderer Vorschriften „auch
in laufenden Angelegenheiten sofort in Kraft tritt", verneint werden.

(2) Gegen die Schutzwürdigkeit des Vertrauens könnte ferner einge-
wendet werden, daß gesetzliche Neuregelungen des Anwaltsgebührenrechts vorhersehbar seien, der Bürger also mit ihnen rechnen und sich
bei seinen Dispositionen auf sie einstellen könne[245].

Die BRAGO wurde allein seit der grundlegenden Kostenrechtsreform
von 1957 insgesamt 39mal geändert[246]. Diese zahlreichen Änderungen
erwecken den Eindruck, daß Vertrauen auf den Fortbestand der
BRAGO nicht berechtigt sei, weil stets mit deren Änderung zu rechnen
ist. Indes haben keineswegs sämtliche seit 1957 durchgeführten Änderungen der BRAGO auch eine Erhöhung der aufgrund laufender Rechtsverhältnisse zu zahlenden Anwaltsgebühren bewirkt. Vielmehr be-
schränkten sich die bisherigen Änderungsgesetze ganz überwiegend auf
die Anpassung der Gebührenordnung an anderweitige Gesetzesänderungen, auf sprachliche Bereinigungen und ähnliches. Sieht man von
kleineren und marginalen Änderungen ab, so brachten einschließlich
der grundlegenden Reform des gesamten Gebührenrechts von 1957 lediglich fünf Änderungsgesetze, nämlich die Gesetze von 1957, 1965, 1969,
1975 und 1980[247] eine grundlegende Erhöhung der Anwaltsgebühren, die
sich in größerem Umfang auf die hier untersuchten Rechtsverhältnisse
niederschlug.

---

[243] BVerfGE 63, 343 (359); Klammerzusatz hinzugefügt. Vgl. hierzu auch
B. Pieroth, JZ 1984, S. 971 ff. (S. 977).

[244] BVerfGE 63, 343 (359). Vgl. auch ebenda: „Auch wenn in gewissem Umfang das Vertrauen in den Fortbestand verfahrensrechtlicher Regelungen
von Verfassungs wegen weniger geschützt ist als das Vertrauen in die Auf-
rechterhaltung materieller Rechtspositionen ..., können doch verfahrens-
rechtliche Positionen im Einzelfall ihrer Bedeutung und ihres Gewichts
wegen im gleichen Maße schutzwürdig sein wie Positionen des materiellen
Rechts."

[245] Vgl. Stenographisches Protokoll über die 53. Sitzung des Rechtsausschusses am 29. Januar 1975, S. 14 f.; ferner die — allerdings auf den konkreten Einzelfall bezogenen — Ausführungen in BVerfGE 11, 139 (147).

[246] Siehe hierzu und zum folgenden die Zusammenschau der bisherigen
BRAGO-Änderungen oben B. I.

[247] Nachw. oben in FN 30 bis FN 34.

Bei all diesen Gesetzen war aber allenfalls voraussehbar, daß eine Gebührenerhöhung ansteht; nicht absehbar war dagegen, welchen Inhalt die jeweilige Gesetzänderung haben würde, wann sie wirksam werden würde, welche Rechtsverhältnisse sie erfassen würde und welche Art der Neugestaltung sie bringen würde. Die bisherigen, in völlig unregelmäßigen Abständen erfolgten Gebührenanhebungen betrafen nämlich keineswegs durchgängig sämtliche Gebühren, sondern teilweise nur einzelne Gebührenbereiche. Auch verwendete der Gesetzgeber bei den bisherigen Gebührenerhöhungen keineswegs durchgängig eine einheitliche Übergangsvorschrift; vielmehr wurde abwechselnd die Übergangsregelung (1) und die Übergangsregelung (2) gewählt. Zum Teil wurde die im ursprünglichen Entwurf enthaltene Übergangsregelung sogar noch im Gesetzgebungsverfahren durch die jeweils andere ersetzt[248]. Nicht vorhersehbar war ferner die Höhe der jeweiligen Gebührenanhebung; in der bisherigen Gesetzgebungspraxis waren nämlich stets unterschiedliche Erhöhungen vorgenommen worden. Vielfach wurden auch auf die im ursprünglichen Entwurf enthaltenen Anhebungen im weiteren Gesetzgebungsverfahren erhebliche Zuschläge erteilt. Schließlich war auch nicht absehbar, ob und in welchem Umfang neben einer allgemeinen Gebührenanhebung auch strukturelle Änderungen in die BRAGO aufgenommen werden sollten und ob mit dem jeweiligen Änderungsgesetz auch Streitfragen entschieden werden sollten, was unter Umständen eine rückwirkende Auferlegung zusätzlicher Gebühren bewirken konnte. Der Bürger konnte also (vielfach bis zuletzt) nicht vorhersehen, welchen Inhalt die jeweilige Gesetzesänderung haben würde und sich dementsprechend auch nicht bei seinen Dispositionen auf sie einrichten.

Würde allein der das Verfahrensrecht beherrschende Grundsatz, wonach eine gesetzliche Neuregelung mangels besonderer Vorschriften vom Zeitpunkt ihres Inkrafttretens an auch anhängige Verfahren erfaßt, und der Gedanke der allgemeinen Vorhersehbarkeit künftiger Gebührenerhöhungen ausreichen, um im Bereich des Anwaltsgebührenrechts jeglichen Vertrauensschutz auszuschließen, dann wäre der Gesetzgeber bei der Regelung dieses Rechtsbereichs selbstherrlich und frei. Diese Sicht würde es ihm erlauben, dem Betroffenen jede *für die Zukunft* den Anforderungen des Grundgesetzes genügende Gebührenerhöhung auch *rückwirkend* aufzuerlegen und im Bereich des Rechtsschutzes eine unerträgliche Rechtsunsicherheit auslösen. Damit würde

---

[248] Vgl. dazu *F. Lappe*, Rpfleger 1980, S. 454 ff. (S. 455), der in der Wahl der Übergangsregelung (2) im KostÄndG 1975 sogar die Setzung eines Vertrauenstatbestandes sieht, der den Gesetzgeber beim Erlaß des BRAGO-ÄndG 1980 zur Verwendung einer rückwirkungslosen Übergangsvorschrift verpflichtet hätte und u. a. hieraus auf die Verfassungswidrigkeit der in dem BRAGOÄndG 1980 enthaltenen Übergangsvorschrift schließt.

dem Bürger neben dem Prozeß- und dem Prozeßkostenrisiko ein zusätzliches Prozeßkostenerhöhungsrisiko auferlegt, eine Risikokumulation, die den Prozeß zu einem nahezu unkalkulierbar werdenden Wagnis machte[249].

Der Gesetzgeber ging denn auch — teilweise unter ausdrücklicher Berufung auf das *BVerfG* — zutreffend davon aus, daß das Vertrauen der von nachträglichen Gebührenanhebungen potentiell Betroffenen schutzwürdig ist und das Grundgesetz dementsprechend nicht jede mit unechter Rückwirkung ausgestattete Gebührenerhöhung erlaubt[250]. Damit ist freilich noch keine Aussage darüber getroffen, ob bei den bisherigen rückwirkenden Gebührenerhöhungen die von der Verfassung gezogenen Schranken beachtet worden sind.

bb) Abwägung

Nach der bereits skizzierten Rechtsprechung nimmt das *BVerfG* zur näheren Bestimmung der verfassungsrechtlichen Grenzen für Gesetze mit unechter Rückwirkung eine auf den konkreten Einzelfall bezogene Abwägung zwischen der Bedeutung des gesetzgeberischen Anliegens für das Wohl der Allgemeinheit und dem Vertrauen des Einzelnen auf den Fortbestand der jeweiligen gesetzlichen Regelung vor[251]. Danach ist eine unechte Rückwirkung dann verfassungswidrig, wenn die „Bedeutung des gesetzgeberischen Anliegens für die Allgemeinheit das Interesse des Einzelnen am Fortbestand des bisherigen Zustandes nicht übersteigt"[252].

Da die Abwägung auf den jeweiligen Einzelfall zu beziehen ist und sowohl die Bedeutung des gesetzgeberischen Anliegens für die Allgemeinheit als auch das Interesse des Einzelnen am Fortbestand des bisherigen Zustandes von Änderungsgesetz zu Änderungsgesetz variieren kann, kann an dieser Stelle keine abschließende verfassungsrechtliche Beurteilung aller denkbaren rückwirkenden Gebührenerhöhungen geleistet werden. Denn eine solche Beurteilung ist jeweils nur für ein konkretes Gesetz und für einen konkreten Einzelfall möglich. Bei einer typisierenden Betrachtungsweise können aber allgemeine Kriterien entwickelt werden, mit deren Hilfe im allgemeinen die verfassungsrechtiche Zulässigkeit von rückwirkenden Gebührenerhöhungen überprüft werden kann; im konkreten Einzelfall werden allerdings häufig

---

[249] Ähnlich F. *Lappe*, Rpfleger 1980, S. 454 ff.

[250] Hierzu im einzelnen oben B. I. 3. b) cc) m. weit. Nachw.

[251] Z. B. BVerfGE 25, 142 (154); 30, 250 (268); 31, 222 (227); 43, 242 (286); 50, 386 (395 m. weit. Nachw.); vgl. auch BVerfGE 30, 392 (404); 39, 128 (145 f.).

[252] BVerfGE 36, 73 (82); 40, 65 (75 f.). Vgl. aber auch die weit. Nachw. in FN 158.

zusätzliche Aspekte auftreten, die auch bei der Abwägung zu berücksichtigen sind.

Im allgemeinen sind bei rückwirkenden Anwaltsgebührenerhöhungen in die Abwägung folgende Gesichtspunkte einzustellen:

aaa) Bedeutung rückwirkender Anwaltsgebührenerhöhungen für das Wohl der Allgemeinheit

Hauptanliegen der seit 1957 durchgeführten Anwaltsgebührenerhöhungen waren die Verbesserung der Kostensituation der Anwaltskanzleien und die Verbesserung der Einkommensverhältnisse der Rechtsanwälte[253]. Die Gebühren sollten mit der allgemeinen Entwicklung der Lebenshaltungs- und Kanzleiunterhaltungskosten Schritt halten und damit dem Rechtsanwalt als einem unabhängigen Organ der Rechtspflege[254] auch bei allgemeinen Kostensteigerungen eine ausreichende wirtschaftliche Basis sichern. Daneben verfolgten die bisherigen Gebührenerhöhungen zum Teil auch noch weitere Ziele, wie etwa die Vereinfachung und Verbesserung einzelner Vorschriften der BRAGO oder die Ausräumung von Streitfragen im Bereich des Anwaltsgebührenrechts[255].

Während sich den Gesetzgebungsmaterialien diese allgemeinen Zielsetzungen der Gebührenerhöhungen deutlich entnehmen lassen, ist das vom Gesetzgeber mit der *rückwirkenden* Gebührenerhöhung verfolgte Anliegen regelmäßig weit weniger deutlich erkennbar. Soweit sich der Gesetzgeber bislang für die Verwendung der Übergangsregelung (1) entschieden hat, weisen die Begründungen vor allem auf Praktikabilitätserwägungen hin; Ziel des Gesetzgebers war es offenbar, ein einheitliches Gebührenrecht zu schaffen, das für die Berechnung sämtlicher Gebühren maßgebend sein sollte. Er wollte vermeiden, „daß noch für eine längere Zeit sowohl das frühere als auch das neue Recht angewendet werden muß"[256], oder war darum bemüht, die neuen Gebühren möglichst bald wirksam werden zu lassen[257]. Soweit der Gesetzgeber die Übergangsregelung (2) in das jeweilige Gebührenänderungsgesetz aufgenommen hat, wollte er eine Rückwirkung vermeiden[258]. Weitere

---

[253] Vgl. z. B. BT-Drucks. IV/2955, S. 6; IV/3389, S. 1; V/4387, S. 1; 7/2016, S. 1; 7/3243, S. 3 f.; 8/3691, S. 1, 9; 8/4277, S. 1, 19 f. Eine Ausnahme hiervon bildete das KostÄndG 1957 (FN 30), bei dem die bundeseinheitliche Neuordnung und die organische Reform des Kostenrechts im Vordergrund standen.

[254] § 1 BRAO.

[255] Siehe dazu im einzelnen oben B. I. 2.

[256] So der von der Bundesregierung beschlossene Gesetzesentwurf zum KostÄndG 1975 (FN 33) vom 22. April 1974, BT-Drucks. 7/2016, S. 119.

[257] So die Begründung in BT-Drucks. 8/4277, S. 21.

[258] BT-Drucks. II/2545, S. 285 f.; BT-Drucks. 7/3243, S. 15; Stenographisches Protokoll über die 53. Sitzung des Rechtsausschusses am 29. Januar 1975, S. 14 ff.; vgl. auch BT-Drucks. 8/3691, S. 20 f.

Gesichtspunkte, die zur Rechtfertigung des *rückwirkenden* Tätigwerdens des Gesetzgebers bei allgemeinen Gebührenanhebungen herangezogen werden könnten, sind weder den Materialien entnehmbar noch sonst ersichtlich[259]. Das Interesse, das der Gesetzgeber mit einer *rückwirkenden* Gebührenanhebung verfolgt, besteht im allgemeinen also letztlich darin, daß nicht über längere Zeit hinweg zwei Gebührenordnungen, nämlich das alte und das neue Gebührenrecht, parallel nebeneinander fortbestehen sollen.

bbb) Das Interesse des Einzelnen am unveränderten Fortbestand
    der bisherigen Rechtslage

Dem mit der rückwirkenden Gebührenerhöhung verfolgten Anliegen des Gesetzgebers steht das Interesse des Einzelnen am Fortbestand der bisherigen Rechtslage gegenüber. Dieses Interesse ist vor allem darauf gerichtet, daß die Rechtslage, welche die Grundlage für Dispositionen des Bürgers und insbesondere für die Eingehung bzw. Begründung von Rechtsverhältnissen darstellt, bis zur endgültigen Abwicklung des jeweiligen Rechtsverhältnisses aufrechterhalten bleibt; Rechtspositionen, die im Vertrauen auf das geltende Recht erworben wurden, sollen nicht nachträglich entwertet werden. Eben dies ist aber bei rückwirkenden Anhebungen von Anwaltsgebühren der Fall. Denn wie bereits eingehend dargestellt[260], erhöhen Gebührenanhebungen, die in laufende Rechtsverhältnisse eingreifen, nachträglich den tatsächlichen Umfang der sich daraus ergebenden Zahlungsverpflichtungen. Insbesondere bei Anwaltsverträgen verändern sie die bei Vertragsabschluß vorausgesetzte Äquivalenz zwischen Leistung und Gegenleistung, indem sie die Leistungsverpflichtungen bei im übrigen unverändert fortbestehendem Vertragsinhalt einseitig zu Lasten einer Vertragspartei, nämlich des Vergütungsschuldners, erhöhen, und zwar teilweise in einem Ausmaß, das Anlaß zu der Frage nach dem Wegfall der Geschäftsgrundlage gibt[261].

---

[259] Insofern war das gesetzgeberische Anliegen bei all diesen allgemeinen Gebührenanhebungen also anders ausgestaltet, als bei der vom *BVerfG* (E 11, 139) überprüften rückwirkenden Gebührenerhöhung von 1952, mit der ein *seit langem als unzureichend empfundener Rechtszustand* auf dem Gebiet des Kostenrechts rückwirkend beseitigt wurde. Dazu eingehender bereits oben S. 36 ff.

[260] Oben B. I. 4. b).

[261] Es ist ein gewisser Wertungswiderspruch, wenn einerseits nach der Rspr. des *BGH* teilweise bereits bei einer Äquivalenzstörung von 15 % die Grundsätze der Lehre vom Wegfall der Geschäftsgrundlage zur Anwendung kommen (so *BGH*, NJW 1961, S. 1859) und andererseits der Gesetzgeber im Bereich des Anwaltsgebührenrechts rückwirkende Erhöhungen vornimmt, die weit über diesem Prozentsatz liegen.

ccc) Ausgleich der einander widerstreitenden Interessen

Bei rückwirkenden Gebührenerhöhungen stehen sich demnach im allgemeinen das öffentliche Interesse an der Vermeidung zweier über längere Zeit hinweg parallel bestehender Gebührenordnungen und das Interesse des Einzelnen am Fortbestand der bisherigen Rechtslage bis zur endgültigen Abwicklung des jeweiligen Rechtsverhältnisses gegenüber. Diese beiden Interessen sind gegenläufig: Je länger der Gesetzgeber durch entsprechende Übergangsregelungen zweierlei Gebührenrecht aufrechterhält, desto geringer ist die Entwertung der unter der Geltung des alten Rechts entstandenen Rechtspositionen und umgekehrt. In der bisherigen Gesetzgebungspraxis wurde dieses Spannungsverhältnis stets mit Hilfe von Übergangsvorschriften gelöst und ausgeglichen. Sieht man von der Sonderproblematik bereits beendeter Instanzen ab[262], so wurden mit diesen Übergangsvorschriften teilweise die laufenden Anwaltsverträge und Prozeßrechtsverhältnisse dem Geltungbereich des neuen Rechts unterworfen[263] und teilweise die laufenden Anwaltsverträge und die laufenden Instanzen vom Anwendungsbereich des neuen Rechts ausgenommen[264]; in keinem Fall blieb aber für die laufenden Prozeßrechtsverhältnisse insgesamt, also insbesondere auch für die zukünftigen Instanzen bereits laufender Prozesse, das alte Recht anwendbar[265].

Dem Gesetzgeber steht bei der inhaltlichen Ausgestaltung derartiger Übergangsregelungen zwar ein breiter Spielraum zur Verfügung; er kann jedoch gleichwohl die seiner Gestaltungsfreiheit von der Verfassung gezogenen Grenzen überschreiten, wenn mit der Übergangsvorschrift unzumutbar in bestehende Vertrauenstatbestände eingegriffen wird[266]. Anhaltspunkte dafür, wann diese Grenzen überschritten sein können, lassen sich den Gesetzgebungsmaterialien entnehmen. Sie enthalten nämlich Hinweise darauf, in welchen Fällen es im Gesetzgebungsverfahren für notwendig erachtet wurde, auf das Vertrauen des Einzelnen Rücksicht zu nehmen: bei strukturellen Änderungen des Gebührenrechts, bei der Einführung neuer Gebührentatbestände, bei einer prozentual hohen Gebührenanhebung und schließlich bei der gesetzlichen Entscheidung von umstrittenen Gebührenrechtsfragen[267]. Diese

---

[262] Dazu oben FN 205.

[263] So die Übergangsregelung (1); vgl. oben B. I. 3. b) aa) aaa).

[264] So die Übergangsregelung (2); vgl. oben B. I. 3. b) aa) bbb).

[265] Prozeßverhältnisse entstehen und enden bekanntlich mit dem *Prozeß* und nicht mit dem Beginn bzw. dem Ende der *Instanz*. Vgl. z. B. *L. Rosenberg / K. H. Schwab* (FN 115), S. 11.

[266] Vgl. zum Gestaltungsspielraum des Gesetzgebers beim Erlaß von Übergangsregelungen z. B. BVerfGE 43, 242 (288 f.) m. weit. Nachw. und BVerfGE 51, 356 (368 f.).

[267] Siehe oben B. I. 3. b) cc).

Anhaltspunkte verweisen letztlich auf einen gemeinsamen Nenner, nämlich auf das *Ausmaß des Vertrauensschadens,* auf das in anderem Zusammenhang auch in der bundesverfassungsgerichtlichen Rechtsprechung zur unechten Rückwirkung mehrfach maßgeblich abgestellt wurde[268]. Für das „Ausmaß des Vertrauensschadens" ist im Anwaltsgebührenrecht aber allein die tatsächliche Mehrbelastung der Betroffenen entscheidend und nicht etwa die Frage, auf welche Art von Gebührenrechtsänderung diese Mehrbelastung zurückgeht[269]. Denn im konkreten Einzelfall kann beispielsweise trotz einer strukturellen Änderung des Gebührenrechts die tatsächliche Mehrbelastung gering sein; umgekehrt kann bei einer maßvollen allgemeinen Gebührenanhebung die tatsächliche Mehrbelastung im Einzelfall besonders umfangreich ausfallen, wenn etwa ein Vergütungsschuldner gleichzeitig sowohl von der maßvollen allgemeinen Gebührenanhebung als auch von der Einführung eines neuen Gebührentatbestandes betroffen ist. Dies macht zugleich deutlich, daß jeweils nur für den konkreten Einzelfall ermittelt werden kann, wann das Vertrauen des Einzelnen billigerweise die Rücksichtnahme durch den Gesetzgeber beanspruchen kann.

Ganz allgemein ist bei der Abwägung aber jedenfalls zu berücksichtigen, daß es sich bei den laufenden Anwaltsverträgen und den laufenden Prozeßrechtsverhältnissen um Rechtsverhältnisse von begrenzter Dauer handelt. Die Rücksichtnahme des Gesetzgebers auf diese Rechtsverhältnisse führt also — anders als etwa bei Dauerschuldverhältnissen — nur für eine begrenzte Übergangszeit zur Geltung von zweierlei Gebührenrecht. Diese Übergangszeit ist je nach dem, ob sich der Gesetzgeber für die Übergangsregelung (2) entscheidet oder von dem Anwendungsbereich des neuen Rechts auch künftige Instanzen ausnimmt und damit dem jeweiligen Gesetz keinerlei Rückwirkung beilegt, kürzer oder länger. Allgemein ist ferner auch zu berücksichtigen, daß nach der bisherigen Gebührenerhöhungspraxis die Mehrbelastungen des Einzelnen, also der Vertrauensschaden, teilweise außerordentlich hoch ausgefallen ist[270].

Von ausschlaggebender Bedeutung für die im Rahmen der verfassungsrechtlichen Beurteilung von rückwirkenden Anwaltsgebürenerhöhungen erforderliche Abwägung wird deshalb regelmäßig die Höhe der jeweiligen tatsächlichen Mehrbelastung sein: Handelt es sich um eine maßvolle Gebührenanhebung, so kann der Gesetzgeber zwischen den bereits mehrfach dargestellten Übergangsregelungen frei auswäh-

---

[268] Vgl. z. B. BVerfGE 14, 288 (300 ff.); 22, 241 (249); 24, 220 (230 f.); 30, 392 (404); 64, 87 (104).

[269] Vgl. dazu oben B. I. 4. b).

[270] Vgl. dazu im einzelnen oben B. I. 2. und 4.

len, ohne gegen die Verfassung zu verstoßen. Werden die Gebühren dagegen „stark" und für den Betroffenen empfindlich spürbar angehoben, dann ist der Gesetzgeber gehalten, zumindest die Übergangsregelung (2) zu wählen, und werden die Gebühren schließlich in außerordentlich hohem Umfang angehoben, wie dies teilweise bei dem KostÄndG 1975[271] — das u. a. 90 %ige (!) Erhöhungen enthielt — der Fall war, dann verpflichtet der Grundsatz des Vertrauensschutzes den Gesetzgeber dazu, von jeglicher Einflußnahme auf bestehende Rechtsverhältnisse Abstand zu nehmen; er muß in diesen Fällen eine Übergangsregelung wählen, welche auch die laufenden Prozeßrechtsverhältnisse insgesamt, also die bereits anhängigen Verfahren (Prozesse) vom Anwendungsbereich des neuen Rechts ausnimmt. Mit anderen Worten: Je stärker der Eingriff in bestehende Vertrauenstatbestände ausfällt, desto größer ist die verfassungsrechtliche Verpflichtung des Gesetzgebers zur Rücksichtnahme auf laufende Rechtsverhältnisse[272].

Bei den bisherigen Gebührenerhöhungen wurden diese verfassungsrechtlichen Vorgaben vom Gesetzgeber *im Ansatz* durchaus beachtet. Unter ausdrücklicher Bezugnahme auf das Rückwirkungsverbot[273] hat der Gesetzgeber nämlich bei umfangreichen Anwaltsgebührenerhöhungen bislang stets die Übergangsregelung (2), die laufende Verträge und laufende Instanzen vom Anwendungsbereich des neuen Rechts ausnimmt, gewählt, und zwar in dem Glauben, damit eine unechte Rückwirkung vollständig zu vermeiden[274] und das Vertrauen des Bürgers in das bisherige Recht nicht zu enttäuschen. Dabei war er aber offenbar davon ausgegangen, daß sich die Rückwirkung auf bereits entstandene Gebühren[275] sowie auf laufende Vertragsverhältnisse und laufende In-

---

[271] FN 33.

[272] Zur Bedeutung des Verhältnismäßigkeitsgrundsatzes für den Vertrauensschutz vgl. z. B. BVerfGE 43, 242 (288); 36, 281 (293); 59, 128 (166).

[273] So in BT-Drucks. II/2545, S. 285 f.; 7/3243, S. 15; Stenographisches Protokoll über die 53. Sitzung des Rechtsausschusses am 29. Januar 1975, S. 14 ff.; vgl. auch BT-Drucks. 8/3691, S. 20 f.

[274] Insbesondere Stenographisches Protokoll (FN 273), S. 15: „... keine Rückwirkung vorzusehen, sondern ... die höheren Gebühren erst für die Zukunft gelten zu lassen. ... Zweifel daran, ob durch die Gebührenänderung der vom Bundesverfassungsgericht aufgezeigte Rahmen überschritten werde oder nicht, ließen es ratsam erscheinen, hinsichtlich einer Rückwirkung Vorsicht walten zu lassen... Änderungen, mit denen der Betroffene nach der Rechtsprechung des Bundesverfassungsgerichts weniger hätte zu rechnen brauchen." BT-Drucks. 7/3243, S. 15: „Der Ausschuß hält die im Gesetzentwurf vorgesehene unechte Rückwirkung nicht für angebracht ..." Vgl. auch BT-Drucks. 8/3691, S. 21: „Da kein Grund besteht, die Gebührenerhöhung möglichst spät wirksam werden zu lassen, braucht ein Eingriff in bestehende Vertragsverhältnisse nur insoweit vermieden werden, als bereits ein unbedingter Auftrag erteilt ist. ... Denn nur hierauf würde sich eine etwaige Rückwirkung beziehen können."

[275] So in BT-Drucks. II/2545, S. 285.

5*

stanzen beziehen würde[276], während nach der Rechtsprechung des
BVerfG der „noch nicht abgewickelte Tatbestand", an den neues Gebührenrecht — bezogen auf laufende Prozesse — anknüpft, das *Prozeßrechtsverhältnis* ist[277]. In dem Augenblick, in dem der Gesetzgeber aber
einen „falschen Tatbestand bzw. Sachverhalt" als Bezugspunkt für die
Rückwirkung angenommen hatte, mußte er bei umfangreichen Gebührenerhöhungen — trotz guten Willens — beinahe zwangsläufig die
Tragweite des verfassungsrechtlichen Rückwirkungsverbots für das Anwaltsgebührenrecht verkennen und die ihm insoweit von der Verfassung gezogenen Schranken verfehlen.

ddd) Insbesondere: BRAGOÄndG 1980

Im Anschluß an diese allgemeinen Überlegungen kann nunmehr das
BRAGOÄndG 1980[278] verfassungsrechtlich überprüft werden. Hierfür ist
nach den soeben entwickelten Grundsätzen von ausschlaggebender Bedeutung, ob die Gebührenerhöhung von 1980 vorhersehbar war und zu
welchem Ergebnis eine Abwägung zwischen der Bedeutung des gesetzgeberischen Anliegens für die Allgemeinheit und dem Interesse des
Einzelnen am unveränderten Fortbestand seiner Rechtspositionen führt.

Nach der sprunghaften Anhebung der Anwaltsgebühren durch das
KostÄndG 1975[279] brachte das BRAGOÄndG 1980 erstmals wieder eine
umfangreichere Gebührenerhöhung, die darauf zielte, die Einkommensverhältnisse der Rechtsanwälte zu verbessern[280]. Noch im Vorfeld des
Gesetzes hatte es der Gesetzentwurf der Bundesregierung als ausrei-
chend angesehen, die damaligen Gebühren um durchschnittlich 4 bis
5 % zu erhöhen, „um eine Verschlechterung der wirtschaftlichen Lage
der Anwaltschaft zu vermeiden"[281]. Der Gesetzentwurf hielt „eine Stei-
gerung der anwaltlichen Einnahmen in dem vorgesehenen Ausmaß ...
nach der allgemeinen wirtschaftlichen Entwicklung (für) angemessen"[282].
Demgegenüber wurden mit dem endgültigen Gesetz auf Vorschlag des
Rechtsausschusses die Gebühren deutlich höher angehoben, weil die
vom Regierungsentwurf vorgesehenen Erhöhungen nach Auffassung des
Ausschusses nicht ausreichen, um das Ziel, die Einkommen der Rechts-

---

[276] Siehe die Nachw. in FN 273 und 274.

[277] BVerfGE 11, 139 (146): „Das neue Recht knüpft an einen noch nicht der
Vergangenheit angehörenden, noch nicht abgewickelten Tatbestand von einiger Dauer, an das bestehende Prozeßrechtsverhältnis an."

[278] FN 34.

[279] FN 33.

[280] Zu Entstehungsgeschichte und Inhalt des Änderungsgesetzes vgl.
A. Mümmler, JurBüro 1980, Sp. 1761 ff. und *H.-J. Rabe*, AnwBl. 1980, S. 313 f.

[281] BT-Drucks. 8/3691, S. 9.

[282] a. a. O. (FN 281); Klammerzusatz hinzugefügt.

anwälte an die allgemeine wirtschaftliche Entwicklung anzupassen, zu erreichen[283]. Im Ergebnis wurden die Gebühren im unteren Gegenstandswertbereich um durchschnittlich 20 % und in der Spitze um 50 % erhöht; für Gegenstandswerte zwischen 4 400 DM und 20 000 DM belief sich die Erhöhung auf rund 4 % und für Gegenstandswerte in dem Bereich von 40 000 DM bis 100 000 DM auf etwa 12 %. Die Betragsrahmengebühren wurden um rund 21 bis 22 % angehoben[284]. Da das Schicksal des Gesetzes bis zur Zustimmung des Bundesrates „am seidenen Faden" hing[285], war zumindest bis zu diesem Zeitpunkt nicht vorhersehbar, ob und in welchem Umfang eine Gebührenerhöhung zu erwarten ist.

Besondere Beachtung verdient in diesem Zusammenhang auch der Umstand, daß der ursprüngliche Gesetzentwurf noch eine Übergangsvorschrift vom Typ der Übergangsregelung (2)[286] enthielt, mit der wegen des verfassungsrechtlichen Rückwirkungsverbots ein Eingriff in laufende Rechtsverhältnisse vermieden werden sollte[287]. Obwohl das endgültige Gesetz deutlich höhere und umfangreichere Anhebungen als der Regierungsentwurf brachte, wurde in ihm keinerlei Rücksicht auf bestehende Rechtsverhältnisse genommen und eine Übergangsvorschrift vom Typ der Übergangsregelung (1)[288] verwendet, welche die laufenden Angelegenheiten dem Anwendungsbereich des neuen Rechts unterwarf. Soweit ersichtlich, geht die Änderung der ursprünglichen Übergangsvorschrift auf eine Stellungnahme des Deutschen Anwaltsvereins zurück[289], in der — bewußt oder unbewußt — fehlerhaft darauf hingewiesen wurde, daß die im Regierungsentwurf enthaltene Übergangsregelung *erstmalig* in das KostÄndG 1975 aufgenommen worden sei. Der Deutsche Anwaltsverein regte in dieser Stellungnahme an, diejenige Übergangsvorschrift zu verwenden, die in das spätere Gesetz Eingang gefunden hat, ohne allerdings das verfassungsrechtliche Problem der Rückwirkung ausdrücklich anzusprechen. Vom Rechtsausschuß wurde die Änderung der Übergangsvorschrift lediglich mit dem Hinweis begründet, „daß die neuen Gebühren möglichst bald wirksam werden sollen"[290].

---

[283] BT-Drucks. 8/4277, S. 19.

[284] Dazu eingehend bereits oben B. I. 2.

[285] So. *H.-J. Rabe*, AnwBl. 1980, S. 313 f. (S. 314).

[286] Vgl. oben B. I. 3. b) aa) bbb).

[287] BT-Drucks. 8/3691, S. 7, 20 f.

[288] Vgl. oben B. I. 3. b) aa) aaa).

[289] Stellungnahme des Gebührenrechtsausschusses des Deutschen Anwaltsvereins vom 16. 3. 1980, S. 43 f.

[290] BT-Drucks. 8/4277, S. 21.

Faßt man diese Aspekte zusammen, dann war für den Bürger im Grunde genommen bis zuletzt nicht erkennbar, ob eine Gebührenerhöhung bevorsteht, welchen Inhalt sie gegebenenfalls haben wird und ob insbesondere auch die Gebühren in bereits laufenden Rechtsverhältnissen nach neuem Recht zu berechnen sein werden. Dementsprechend konnte er die späteren Gebührenanhebungen durch das BRAGOÄndG 1980 auch nicht bei seinen Dispositionen berücksichtigen.

Ob die im BRAGOÄndG 1980 verwendete Übergangsregelung nach alledem die dem Gesetzgeber beim Erlaß rückwirkender Gebührenerhöhungen gezogenen Schranken überschreitet, ist durch eine auf den konkreten Einzelfall bezogene Abwägung zu ermitteln. Dabei ist nach den oben entwickelten allgemeinen Grundsätzen vor allem darauf abzustellen, in welchem Umfang durch die nachträgliche Gebührenanhebung in bestehende Rechtsverhältnisse eingegriffen worden ist, also auf das Ausmaß des Vertrauensschadens[291]. Überträgt man diese Grundsätze auf das BRAGOÄndG 1980, so führt für dies für einzelne Gebührenbereiche zu unterschiedlichen Ergebnissen:

Soweit der Gesetzgeber die Gebühren maßvoll angehoben hat, wie etwa bei den Wertgebühren für Gegenstandswerte zwischen 4 400 DM und 20 000 DM (rund 4 %ige Erhöhung), bestehen gegen die verwendete Übergangsvorschrift keine verfassungsrechtlichen Bedenken.

Anders verhält es sich dagegen bei den prozentual hohen Zuschlägen, also insbesondere bei den Erhöhungen im unteren Gegenstandswertbereich, die sich auf durchschnittlich 20 und in der Spitze auf bis zu 50 % beliefen. In diesem Bereich wurden beispielsweise einem Bürger, der im Vertrauen auf das bisherige Gebührenrecht und vor dem Beschluß des Bundestages über die rückwirkende Gebührenanhebung[292] einen Zivilrechtsstreit anhängig gemacht hatte, durch das BRAGOÄndG 1980 nachträglich um bis zu 50 % höhere Anwaltsgebühren auferlegt als er nach dem alten, im Zeitpunkt der Klageerhebung geltenden Recht hätte zahlen müssen. Und dies, obwohl sowohl die im KostÄndG 1975 als auch die noch im Regierungsentwurf zum BRAGOÄndG 1980 enthaltenen Übergangsvorschriften ihn in seinem Vertrauen auf das geltende Gebührenrecht bestärkt hatten, weil nach diesen Übergangsregelungen laufende Angelegenheiten vom Anwendungsbereich des neuen Rechts grundsätzlich ausgenommen waren. Bei derart „starken" und für den Betroffenen empfindlich spürbaren Erhöhungen muß das Anliegen des Gesetzgebers, nicht über längere Zeit hinweg altes und neues Gebührenrecht nebeneinander fortbestehen zu lassen, hinter dem Interesse

---

[291] Vgl. oben B. II. 3. c) bb) ccc).

[292] Zum Ausschluß des Vertrauensschutzes durch den Beschluß des Bundestages siehe allgemein BVerfGE 31, 222 (227).

des Einzelnen am unveränderten Fortbestand der bisherigen Rechtslage
zurücktreten. Der Gesetzgeber ist bei Gebührenerhöhungen dieses Um-
fanges von Verfassungs wegen gehalten, zumindest eine Übergangsvorschrift vom Typ der Übergangsregelung (2) zu verwenden, zumal danach der Nachteil, daß zweierlei Gebührenrecht nebeneinander Anwendung findet, nur für eine gewisse Übergangszeit besteht.

Die Übergangsvorschrift des BRAGOÄndG 1980 verstößt deshalb
jedenfalls insoweit gegen das Grundgesetz, als sie nachträglich eine
„starke“ und für die Betroffenen empfindlich spürbare Erhöhung der
Anwaltsgebühren um bis zu 50 % anordnet.

C. Zusammenfassung, Ergebnisse und Ausblick

I. Zusammenfassung und Ergebnisse[293]

1. Bisherige Anwaltsgebührenerhöhungen

a) Die Bundesgebührenordnung für Rechtsanwälte (BRAGO) geht in ihrer heutigen Fassung auf die grundlegende Reform des gesamten Kostenrechts von 1957 zurück. Sie wurde seither 39mal geändert. Einschließlich des Reformgesetzes von 1957 bewirkten jedoch nur fünf Gesetzesänderungen umfangreichere Gebührenanhebungen, die für die Problematik der verfassungsrechtlichen Grenzen rückwirkender Anwaltsgebührenerhöhungen von Bedeutung sind.

Abgesehen von dem KostÄndG 1957, mit dem das Anwaltsgebührenrecht einer umfassenden Neuordnung zugeführt wurde, zielten die in unterschiedlichen Zeitabständen durchgeführten fünf BRAGO-Änderungen vor allem auf eine Verbesserung der Einkommensverhältnisse der Rechtsanwälte; mit ihnen sollten insbesondere die Gebühren an steigende Lebenshaltungs- und Kanzleiunterhaltungskosten angeglichen werden.

b) Bei all diesen Gebührenerhöhungen stand der Gesetzgeber u. a. vor der Frage, ob von dem neuen Gebührenrecht auch solche Rechtsverhältnisse erfaßt werden sollen, die bereits vor dem Inkrafttreten des Änderungsgesetzes begründet worden waren. In der bisherigen Gesetzgebungspraxis wurde diese Frage mit zwei verschiedenen Übergangsvorschriften gelöst, die beide darin übereinstimmen, daß sie bei Inkrafttreten der Neuregelung bereits beendete Prozesse und Instanzen sowie beendete sonstige Anwaltsangelegenheiten vom Anwendungsbereich des neuen Rechts ausnehmen. Übereinstimmend unterstellen beide Übergangsregelungen außerdem die in laufenden Angelegenheiten erst nach Inkrafttreten des Änderungsgesetzes begonnenen, zukünftigen Rechtsmittelinstanzen und sonstigen Anwaltsangelegenheiten dem neuen Gebührenrecht.

Im übrigen weisen die beiden Übergangsvorschriften vor allem einen gewichtigen Unterschied auf: Während die *Übergangsregelung (1)* die bei Inkrafttreten des Änderungsgesetzes laufenden, aber noch nicht ab-

---

[293] Die Zusammenfassung ist verallgemeinernd und holzschnittartig; einzelne Teilergebnisse der Untersuchung bleiben unberücksichtigt.

gewickelten Anwaltsverträge und die laufenden, aber noch nicht abgeschlossenen Instanzen dem Anwendungsbereich des neuen Gebührenrechts unterwirft, nimmt die *Übergangsregelung (2)* die laufenden Anwaltsverträge und die laufenden Instanzen vom Anwendungsbereich des neuen Rechts aus; nach der Übergangsregelung (2) bleibt insoweit für die Gebührenberechnung das alte Recht maßgebend.

In der bisherigen Gesetzgebungspraxis wurde in drei Fällen die Übergangsregelung (1) und in zwei Fällen die Übergangsregelung (2) verwendet; dabei wurde in jeweils einem Fall die im ursprünglichen Gesetzentwurf enthaltene Übergangsregelung durch die jeweils andere ersetzt.

c) Gesetzliche Grundlage für die Berechnung der Anwaltsgebühren ist heute im wesentlichen die BRAGO. Dementsprechend wirken sich Anwaltsgebührenerhöhungen auf all jene Rechtsverhältnisse aus, die (zumindest auch) die gesetzliche Vergütung der Rechtsanwälte zum Gegenstand haben, nämlich insbesondere auf Anwaltsverträge und Prozeßrechtsverhältnisse:

Mangels abweichender Vereinbarung verpflichten die in keinem Zusammenhang mit einem gerichtlichen Verfahren stehenden *Anwaltsverträge* den Vergütungsschuldner (recht- und ratsuchenden Bürger) zur Zahlung der — nach der BRAGO zu berechnenden — Gebühren. Werden vor der endgültigen Vertragsabwicklung die Anwaltsgebühren erhöht und von dieser Gebührenerhöhung auch laufende Anwaltsverträge erfaßt, so wird dem Vergütungsschuldner gegenüber der bisherigen Rechtslage ein „Mehr an Leistungsverpflichtung" auferlegt.

Von Gebührenerhöhungen werden ferner die im Zusammenhang mit einem *Prozeßrechtsverhältnis* stehenden Rechtsbeziehungen betroffen, also insbesondere die zwischen den Prozeßparteien, Angeklagten usw. und deren Prozeßbevollmächtigten bestehenden Vertragsbeziehungen und die z. B. im Zivilprozeß zwischen den Parteien und dem Gericht bestehenden gesetzlichen Schuldverhältnisse, die u. a. Grundlage für spätere Kostenerstattungsansprüche sind. Die BRAGO ist für beide Schuldverhältnisse insoweit von Bedeutung, als auf ihrer Grundlage sowohl die an den jeweiligen eigenen Prozeßbevollmächtigten zu zahlende Anwaltsvergütung als auch die im Rahmen des Kostenerstattungsanspruchs zu zahlende Vergütung des gegnerischen Anwalts berechnet wird. Werden nach Beginn, aber vor Beendigung des Prozesses die gesetzlichen Anwaltsgebühren erhöht und von der Gebührenerhöhung auch laufende Prozeßrechtsverhältnisse erfaßt, so wird dem Vergütungs- bzw. Kostenerstattungsschuldner nachträglich ein „Mehr an Leistungsverpflichtung" auferlegt.

d) Das Ausmaß der durch die Gebührenerhöhungen verursachten Mehrbelastungen war in der bisherigen Gesetzgebungspraxis unterschiedlich groß und schwankte — nicht zuletzt wegen der Verwendung unterschiedlicher Übergangsregelungen — von Gebührenerhöhung zu Gebührenerhöhung. Teilweise wurden die Anwaltsgebühren gegenüber dem bisherigen Recht um rund 90 % angehoben.

2. Verfassungsrechtliche Beurteilung rückwirkender Anwaltsgebührenerhöhungen

a) Das *BVerfG* hat sich bislang einmal mit der Problematik rückwirkender Gebührenerhöhungen beschäftigt und die in dem damaligen Verfahren zur Überprüfung anstehende Rückwirkungsregelung nicht beanstandet. In dieser Entscheidung, die in ihrer Begründung deutlich auf den damaligen Einzelfall bezogen ist, hat das Gericht aber gleichwohl einen Teil der auf ihre Verfassungsmäßigkeit überprüften Rückwirkungsregelungen als „verfassungsrechtlich bedenklich" eingestuft, hieraus eventuell zu ziehende Konsequenzen aber durch eine „berichtigende Auslegung" vermieden. Gesetzgeber und Literatur gehen deshalb zutreffend davon aus, daß die damalige Entscheidung den Gesetzgeber beim Erlaß rückwirkender Anwaltsgebührenerhöhungen nicht von jeglichen verfassungsrechtlichen Grenzen freistellt.

b) Verfassungsrechtlicher Prüfungsmaßstab für rückwirkende Gesetze ist das in den rechtsstaatlichen Postulaten der Rechtssicherheit und des Vertrauensschutzes wurzelnde Rückwirkungsverbot. Das Rückwirkungsverbot verpflichtet den Gesetzgeber insbesondere dazu, das von dem Einzelnen in die Verläßlichkeit der Rechtsordnung gesetzte schutzwürdige Vertrauen nicht zu verletzen. Bei der Bestimmung der dem Gesetzgeber beim Erlaß rückwirkender Gesetze gezogenen verfassungsrechtlichen Schranken unterscheidet das *BVerfG* zwischen echter und unechter Rückwirkung.

Gesetze mit echter Rückwirkung, die nach der Rechtsprechung dann vorliegen, „wenn das Gesetz nachträglich ändernd in abgewickelte, der Vergangenheit angehörende Tatbestände eingreift", sind grundsätzlich nichtig. Demgegenüber sind Gesetze mit unechter Rückwirkung, also solche Gesetze, die auf gegenwärtige, noch nicht abgeschlossene Sachverhalte und Rechtsbeziehungen für die Zukunft einwirken, grundsätzlich zulässig. Gleichwohl ergeben sich aus den Grundsätzen des Vertrauensschutzes und der Rechtssicherheit auch bei unechter Rückwirkung verfassungsrechtliche Grenzen, die der Gesetzgeber zu beachten hat.

In jüngerer Zeit überprüft das *BVerfG* rückwirkende Gesetze außerdem zunehmend auch am Maßstab der Einzelgrundrechte und hierbei insbesondere an Art. 14 GG.

c) Nach der bisherigen Rechtsprechung des *BVerfG* verstoßen rückwirkende Anwaltsgebührenerhöhungen nicht gegen die verfassungsrechtliche Eigentumsgarantie.

d) Auch unter dem Gesichtspunkt der echten Rückwirkung bestehen gegen die bisherigen rückwirkenden Anwaltsgebührenerhöhungen keine verfassungsrechtlichen Bedenken; der Gesetzgeber hat bei den seit 1957 vorgenommenen Änderungen der BRAGO stets die insoweit vom *BVerfG* aufgezeigten Grenzen beachtet.

e) Demgegenüber haben die bisherigen Anwaltsgebührenerhöhungen die vom Grundgesetz gegen den Erlaß von Gesetzen mit unechter Rückwirkung gezogenen Grenzen teilweise überschritten.

aa) Die in der Gesetzgebungspraxis seit 1957 verwendeten Übergangsregelungen wirken mit unterschiedlicher Intensität auf die betroffenen Rechtsverhältnisse zurück:

Bezogen auf die bei Inkrafttreten des Änderungsgesetzes laufenden Anwaltsverträge, die in keinem Zusammenhang mit einem Prozeß stehen, entfaltet nur die Übergangsregelung (1) unechte Rückwirkung, weil sie die noch nicht abgewickelten Verträge dem Anwendungsbereich des neuen Rechts unterwirft.

Bezogen auf die bei Inkrafttreten des Änderungsgesetzes laufenden Prozeßrechtsverhältnisse entfalten sowohl die Übergangsregelung (1) als auch die Übergangsregelung (2) unechte Rückwirkung, weil sie zumindest die bei Inkrafttreten der Gebührenänderung noch nicht begonnenen Rechtsmittelinstanzen dem Anwendungsbereich des neuen Rechts unterstellen. Hinsichtlich der von einer Gebührenerhöhung betroffenen Prozeßrechtsverhältnisse vermeidet der Gesetzgeber nämlich nur dann eine unechte Rückwirkung, wenn auch die nach Inkrafttreten der Gebührenänderung begonnenen Rechtsmittelinstanzen vom Anwendungsbereich des neuen Rechts ausgenommen werden.

Im übrigen unterscheiden sich die beiden Übergangsregelungen jedoch in ihrer Rückwirkungsintensität. Während die Übergangsregelung (2) laufende gerichtliche Instanzen vom Anwendungsbereich des neuen Rechts ausnimmt und nur die nach dem Inkrafttreten der Gebührenänderung begonnenen Rechtsmittelinstanzen dem Anwendungsbereich des neuen Rechts unterwirft, sind nach der Übergangsregelung (1) sowohl die Gebühren für nach Inkrafttreten des Änderungsgesetzes begonnene

Rechtsmittelinstanzen als auch die Gebühren für laufende gerichtliche Instanzen nach neuem Recht zu berechnen.

bb) Nach ständiger Rechtsprechung des *BVerfG* können Gesetze mit unechter Rückwirkung dann den Grundsatz des Vertrauensschutzes verletzen und damit verfassungswidrig sein, wenn sie einen entwertenden Eingriff vornehmen, mit dem der Staatsbürger nicht rechnen konnte, den er also bei seinen Dispositionen nicht zu berücksichtigen brauchte.

Die BRAGO ist neben anderen Gesetzen eine der gesetzlichen Rechtsgrundlagen für den Zivilrechtsverkehr und das Verfahrensrecht. Deshalb orientiert sich der Einzelne bei allen Dispositionen, die (zumindest auch) die gesetzliche Vergütung eines Rechtsanwalts zum Gegenstand haben, an dem jeweils geltenden Gebührenrecht. Gestützt auf die BRAGO trifft er seine Entscheidungen in dem Vertrauen darauf, daß sein dem geltenden Recht entsprechendes Handeln von der Rechtsordnung mit allen ursprünglich damit verbundenen Rechtsfolgen anerkannt bleibt. Wäre der Staatsbürger in seinem Vertrauen auf die Verläßlichkeit des Anwaltsgebührenrechts nicht geschützt, so hätte dies z. B. zur Folge, daß dem klagenden Bürger neben dem Prozeß- und dem Prozeßkostenrisiko ein zusätzliches Gebührenerhöhungsrisiko aufgebürdet wird.

cc) Zur näheren Bestimmung der verfassungsrechtlichen Grenzen von mit unechter Rückwirkung ausgestatteten Gesetzen nimmt das *BVerfG* eine einzelfallbezogene Abwägung zwischen der Bedeutung des gesetzgeberischen Anliegens für das Wohl der Allgemeinheit und dem Vertrauen des Einzelnen auf den Fortbestand einer gesetzlichen Regelung vor. Das Gericht berücksichtigt bei dieser Abwägung insbesondere das durch die rückwirkende Neuregelung entstandene Ausmaß des Vertrauensschadens.

Soweit der Gesetzgeber mit der jeweiligen Anwaltsgebührenerhöhung keine besonderen Zielsetzungen verfolgt, sind in diese Abwägung regelmäßig das öffentliche Interesse an der Vermeidung zweier über längere Zeit hinweg parallel bestehender Gebührenordnungen und das Interesse des Einzelnen am Fortbestand der bisherigen Rechtslage bis zur endgültigen Abwicklung des jeweiligen Rechtsverhältnisses einzustellen.

Bei der Abwägung dieser beiden Interessen ist einerseits zu berücksichtigen, daß die laufenden Anwaltsverträge und die laufenden Prozeßrechtsverhältnisse — anders als z. B. Dauerschuldverhältnisse — Rechtsverhältnisse von begrenzter zeitlicher Dauer sind, der Nachteil, daß altes und neues Recht nebeneinander anzuwenden ist, also nur für eine Übergangszeit besteht. Andererseits ist zu berücksichtigen, daß die

Gebühren in der bisherigen Gesetzgebungspraxis z. T. in außerordentlich hohem Umfang angehoben wurden.

Für das Abwägungsergebnis ist deshalb in der Regel das Ausmaß der jeweiligen Gebührenanhebung entscheidend: Handelt es sich um eine maßvolle Gebührenanhebung, so ist der Gesetzgeber bei der Ausgestaltung der jeweiligen Übergangsvorschrift frei; er kann sich insbesondere für die Übergangsregelung (1) oder die Übergangsregelung (2) entscheiden, ohne gegen die Verfassung zu verstoßen. Werden die Gebühren dagegen „stark" und für den Betroffenen empfindlich spürbar angehoben, dann ist der Gesetzgeber gehalten, bei der Gebührenerhöhung zumindest eine der Übergangsregelung (2) entsprechende Übergangsvorschrift zu verwenden, also die laufenden Anwaltsverträge und die laufenden Instanzen vom Anwendungsbereich des neuen Rechts auszunehmen. Werden die Gebühren schließlich in außerordentlich hohem Umfang angehoben, wie dies teilweise bei dem KostÄndG 1975 der Fall war (90 %ige Erhöhungen), dann gebietet es das Rückwirkungsverbot dem Gesetzgeber, sich jeglicher Einflußnahme auf bestehende Rechtsverhältnisse zu enthalten und eine Übergangsregelung zu verwenden, die nicht nur laufende Anwaltsverträge und laufende Instanzen, sondern die laufenden Prozeßrechtsverhältnisse insgesamt, also auch die erst nach Inkrafttreten des Änderungsgesetzes begonnenen Rechtsmittelinstanzen vom Anwendungsbereich des neuen Gebührenrechts ausnimmt.

Im Ansatz wurden diese verfassungsrechtlichen Vorgaben bei den bisherigen Gebührenerhöhungen auch vom Gesetzgeber beachtet. Er hat nämlich bei umfangreicheren Gebührenerhöhungen bislang stets eine der Übergangsregelung (2) entsprechende Übergangsvorschrift gewählt und insbesondere laufende Anwaltsverträge und laufende Instanzen vom Anwendungsbereich des neuen Rechts ausgenommen, in dem Glauben, damit jegliche unechte Rückwirkung zu vermeiden. Dabei war der Gesetzgeber aber davon ausgegangen, daß sich die Rückwirkung nur auf bereits entstandene Gebühren bzw. auf laufende Anwaltsverträge und laufende Instanzen beziehen würde, während nach der Rechtsprechung des *BVerfG* neues Gebührenrecht — bezogen auf laufende Prozesse — an das *Prozeßrechtsverhältnis*, also an einen erst mit dem Ende des Prozesses abgeschlossenen Tatbestand anknüpft[294]. Hatte der Gesetzgeber aber erst einmal einen anderen „noch nicht abgewickelten Tatbestand" als das *BVerfG* als Anknüpfungspunkt des

---

[294] BVerfGE 11, 139 (146): „Das neue Recht knüpft an einen noch nicht der Vergangenheit angehörenden, noch nicht abgeschlossenen abgewickelten Tatbestand von einiger Dauer, *an das bestehende Prozeßrechtsverhältnis* an"; Hervorhebungen hinzugefügt. Das Prozeßrechtsverhältnis ist ein einziges und einheitliches Rechtsverhältnis; es „entsteht und endet mit dem *Prozeß*" (*L. Rosenberg / K. H. Schwab* [FN 115], S. 11; Hervorhebung hinzugefügt).

neuen Gebührenrechts angenommen, so mußte er — beinahe zwangsläufig — bei umfangreichen Gebührenerhöhungen die Tragweite des
verfassungsrechtlichen Rückwirkungsverbots für das Anwaltsgebührenrecht verkennen und die ihm insoweit von der Verfassung gezogenen
Grenzen verfehlen.

dd) Gemessen an diesen Grundsätzen ist die mit dem BRAGOÄndG
1980 durchgeführte rückwirkende Gebührenerhöhung jedenfalls insoweit verfassungswidrig und nichtig, als dieses Änderungsgesetz eine
„starke" und für die Betroffenen empfindlich spürbare Erhöhung der
Anwaltsgebühren um bis zu 50 % anordnet und von der Erhöhung auch
die bei Inkrafttreten des Gesetzes bereits laufenden Anwaltsverträge
und laufenden Instanzen erfaßt werden.

II. Rechtspolitischer Ausblick

Die dem Gesetzgeber beim Erlaß rückwirkender Anwaltsgebührenerhöhungen durch die Verfassung gezogenen Grenzen sind das Mini-
mum an Rechtssicherheit und Vertrauensschutz, dessen Beachtung das
Rechtsstaatsprinzip zwingend fordert. Jenseits dieser Schranken steht
dem Gesetzgeber bei der inhaltlichen Ausgestaltung einer Rückwirkungsanordnung ein weiter Gestaltungsspielraum zu. Die Entscheidung
darüber, ob einer Gebührenerhöhung Rückwirkung beigelegt und wie
diese Rückwirkungsanordnung im einzelnen ausgestaltet werden soll,
ist — sieht man von den bereits aufgezeigten verfassungsrechtlichen
Grenzen ab — rechtspolitischer Natur. Der Gesetzgeber wird bei dieser
Entscheidung regelmäßig u. a. sozial- und wirtschaftspolitische Aspekte,
Praktikabilitätsgesichtspunkte, die Belastung der öffentlichen Haus-
halte und den Gesichtspunkt der Rechtssicherheit berücksichtigen.

Die Gesetzesmaterialien zu den bisherigen Anwaltsgebührenerhöhungen lassen häufig nicht erkennen, inwieweit der Gesetzgeber den Gedanken der Rechtssicherheit bei seiner Entscheidung über die Rückwirkung berücksichtigt hat. Soweit die Motive zu den jeweiligen Erhö-
hungsgesetzen eine intensivere Auseinandersetzung mit der Rückwirkungsproblematik dokumentieren, wird erkennbar, daß der Gesetzgeber besonderes Augenmerk auf die bisherige Rechtsprechung des
BVerfG richtet und die jeweilige Rückwirkungsregelung an der äußer-
sten der nach seinem Dafürhalten dort vorgezeichneten verfassungsrechtlichen Grenze orientiert[295]. Dieses Vorgehen ist zwar legitim, birgt
aber die Gefahr, daß die materialen Gehalte der rechtsstaatlichen Po-
stulate „Rechtssicherheit" und „Vertrauensschutz" zu einer bloßen For-

---

[295] Besonders deutlich: Protokoll über die 53. Sitzung des Rechtsausschusses am 29. Januar 1975, S. 14 ff.

mel erstarren. Bei der rechtspolitischen Beurteilung rückwirkender
Anwaltsgebührenerhöhungen sind nämlich weitere, über die vom
BVerfG entwickelten verfassungsrechtlichen Maßstäbe hinausgehende
Gesichtspunkte zu berücksichtigen:

Als gesetzliche Grundlage für die Berechnung von Anwaltsgebühren
ist die BRAGO heute nicht nur für Anwaltsverträge und Prozeßrechtsverhältnisse von Bedeutung, sondern auch für *Rechtsschutzversicherungsverträge.* Diese Verträge ermöglichen den Versicherten die gerichtliche und außergerichtliche Durchsetzung ihrer Rechte, ohne mit
dem Risiko der in den letzten 15 Jahren erheblich angestiegenen Kosten
belastet zu sein. Das Schwergewicht der Versicherungsleistungen liegt
in der Übernahme des Kostenrisikos, das die Erledigung der Rechtsan-
gelegenheiten des Versicherungsnehmers in sich birgt[296]. Erfahrungsge-
mäß entfällt dabei ein Großteil der Kosten auf die Anwaltsvergütung,
deren Höhe nach der Bundesgebührenordnung für Rechtsanwälte berechnet wird[297], weshalb die BRAGO eine der entscheidenden Kalku-
lationsgrundlagen für die Berechnung der Versicherungsbeiträge ist.

BRAGO-Änderungsgesetze, mit denen die Anwaltsgebühren angehoben werden, wirken dementsprechend auch auf bestehende Rechtsschutzversicherungsverträge ein, da sie den tatsächlichen Umfang der
Leistungsverpflichtungen der Versicherungsgeber erhöhen. Diese Wirkung tritt zwar bei sämtlichen Gebührenerhöhungen ein, ist aber bei
rückwirkenden Anhebungen deshalb besonders einschneidend, weil sie
die tatsächlichen Mehrbelastungen der Rechtsschutzversicherer erheblich erhöhen und jeder exakten versicherungsmathematischen Kalkulation nachträglich die Grundlage entziehen[298]. So verursachte beispielsweise die erst vom Rechtsausschuß des Deutschen Bundestages in das
BRAGOÄndG 1980 eingefügte Rückwirkungsvorschrift ausweislich der
Verbandsstatistik der Rechtsschutzversicherer allein im Jahr 1981
marktweit nachträgliche Mehrausgaben in Höhe von rund 70 Mio. DM.

Die Rechtsschutzversicherer haben in der Vergangenheit zwar ver-
sucht, derartige nachträgliche Mehrbelastungen durch eine sogenannte
Beitragsanpassungsklausel auszugleichen[299]. Die Verwendung einer ent-

---

[296] *W. Harbauer,* Rechtsschutzversicherung. Kommentar zu den Allgemeinen Bedingungen für die Rechtsschutzversicherung (ARB), 2. Aufl., München
1983, Rdnr. 7 vor § 1. Vgl. ferner *W. Böhme,* Allgemeine Bedingungen für die
Rechtsschutzversicherung (ARB), Kommentar, 4. Aufl., Karlsruhe 1980, Rdnr. 4 vor § 1; *ders.,* Allgemeine Bedingungen für die Rechtsschutzversicherung, Leitfaden, 3. Aufl., Karlsruhe 1978, Rdnr. 4 zu § 1.

[297] §§ 1, 2 Allgemeine Bedingungen für die Rechtsschutzversicherung (ARB);
§ 1 BRAGO.

[298] Vgl. *F. Lappe,* Rpfleger 1980, S. 454 ff. (S. 455).

[299] Der Versuch einiger Rechtsschutzversicherer, wegen der Erhöhung der
Gerichtskosten- und Rechtsanwaltsgebühren durch das KostÄndG 1975 unter

sprechenden Anpassungsklausel wurde jedoch durch das Bundesaufsichtsamt für das Versicherungswesen untersagt. Erst nach einem langwierigen Rechtsstreit ist es gelungen, vor dem *BVerwG* eine — allerdings weit hinter den Vorstellungen der Rechtsschutzversicherer zurückbleibende — Beitragsanpassungsklausel zu erstreiten[300]. Abgesehen von einem derzeit noch großen Bestand an Altverträgen ohne Anpassungsklausel, erlaubt diese Klausel aber nur eine Beitragsangleichung für zukünftige Versicherungsperioden. Sie ermöglicht es also lediglich, die durch Gebührenerhöhungen verursachten Mehraufwendungen der Rechtsschutzversicherer unter im einzelnen näher bestimmten Voraussetzungen für zukünftige Versicherungsperioden in gewissem Umfang über die Beiträge auszugleichen; bei der Berechnung der laufenden oder gar zurückliegenden Beiträge der Versicherungsnehmer ist die Berücksichtigung der insbesondere durch rückwirkende Gebührenerhöhungen entstehenden umfangreichen Mehrbelastungen nicht möglich.

Diese bislang kaum berücksichtigten weiteren Auswirkungen von Änderungen des Anwaltsgebührenrechts auf Rechtsschutzversicherungsverträge lassen es rechtpolitisch angezeigt erscheinen, Gebührenerhöhungen weitmöglichst von einer Rückwirkung freizuhalten, zumal sich die Rechtsschutzversicherer angesichts der bisherigen Gesetzgebungspraxis mangels Vorhersehbarkeit nicht auf *rückwirkende* Gebührenerhöhungen einstellen und diese deshalb auch nicht bei ihrer Kalkulation berücksichtigen können.

Bei der rechtspolitischen Beurteilung ist ferner zu beachten, daß rückwirkende Anwaltsgebührenerhöhungen in einem gewissen *Wertungswiderspruch* zu anderweitigen rechtlichen Regelungen stehen. Denn die Rechtsordnung enthält in anderem Zusammenhang zahlreiche Regelungen, die nachträgliche Erhöhungen von Leistungsverpflichtungen verhindern.

So erklärt z. B. § 11 Nr. 1 AGBG eine in allgemeinen Geschäftsbedingungen enthaltene Klausel, welche die Erhöhung des Entgelts innerhalb von vier Monaten nach Vertragsschluß vorsieht, für unwirksam. Diese Norm beruht offensichtlich auf dem Gedanken, daß Verträge

---

Berufung auf § 9 ARB einseitig höhere Prämien festzusetzen, blieb im Ergebnis erfolglos. Vgl. dazu *E. Suppes*, Kostenänderungsgesetz 1975 und § 9 ARB, VersR 1977, S. 396 ff.; *D. Kaulbach*, Rechtsschutzversicherung und Kostenänderungsgesetz, VersR 1977, S. 398 ff.; *BVerwG*, NJW 1976, S. 1549 f. Kritisch zu dieser Entscheidung: *F. Rittner*, Gefahrerhöhung bei der Rechtsschutzversicherung infolge des Kostenänderungsgesetzes 1975?, NJW 1976, S. 1529 ff.; *M. Werber*, Änderungsrisiko und Gefahrerhöhung, VersR 1976, S. 897 ff. und *R. Gärtner*, Prämienangleichungsklauseln und Aufsichtsrecht, BB 1980, S. 448 ff., jeweils m. weit. Nachw.

300 BVerwGE 61, 59; vgl. zur Auseinandersetzung über die Zulässigkeit einer Prämienanpassungsklausel auch *R. Gärtner*, BB 1980, S. 448 ff.

regelmäßig so zu erfüllen sind, wie dies bei Vertragsschluß vereinbart worden ist. Auf ähnliche Zusammenhänge stellt die Rechtsprechung des *BGH* zum Wegfall der Geschäftsgrundlage ab; danach soll teilweise bereits bei einer Äquivalenzstörung von 15 %[301] eine Anpassung des Vertrages an die ursprünglich von den Parteien vorausgesetzte Geschäftsgrundlage erforderlich sein.

Es ist ein gewisser Wertungswiderspruch, wenn die Rechtsordnung einerseits Regelungen bereitstellt, die darauf abzielen, nachträgliche Änderungen von Vertragsinhalten zu verhindern und andererseits der Gesetzgeber selbst durch rückwirkende Gebührenerhöhungen nachträglich ändernd in laufende Rechtsverhältnisse eingreift. Dies um so mehr, weil das Anwaltsgebührenrecht u. a. für den Rechtsschutz der Bürger von entscheidender Bedeutung ist und dementsprechend unvorhersehbare nachträgliche Gebührenerhöhungen geeignet sind, den Bürger von der Inanspruchnahme des Rechtsschutzes abzuhalten.

In die rechtspolitischen Überlegungen sollte außerdem miteinbezogen werden, daß die Gesetzgebungspraxis im Kosten- und Verfahrensrecht zunehmend dazu übergeht, Gesetzesänderungen nicht auf laufende Rechtsverhältnisse und Verfahren zu erstrecken[302]. Eine ähnliche *Tendenz zum Prinzip der Nichtrückwirkung* läßt sich auch im Gebührenrecht der Steuerberater, der Ärzte, der Architekten und der Ingenieure erkennen, wo der Gesetz- bzw. Verordnungsgeber ebenfalls darum bemüht ist, bei der Einführung bzw. Änderung der jeweiligen Honorarordnung von einem Eingriff in laufende Rechtsverhältnisse oder in solche Sachverhalte, die in der Vergangenheit liegen, Abstand zu nehmen[303]. Diese Entwicklung legt es nahe, auch bei zukünftigen Anhebungen von Anwaltsgebühren von einer Rückwirkung weitmöglichst abzusehen.

Schließlich ist bei der rechtspolitischen Beurteilung von Anwaltsgebührenerhöhungen auch zu berücksichtigen, daß die bundesverfassungsgerichtliche Rechtsprechung zum Rückwirkungsverbot von einem Großteil der Literatur heftig kritisiert wird[304]. Obwohl die Kritiker von unterschiedlichen Ansatzpunkten ausgehen, stimmen sie doch im Ergebnis vielfach in einer stärkeren Betonung des Vertrauensschutzgedankens

---

[301] So *BGH*, NJW 1961, S. 1859.

[302] Vgl. z. B. Art. 5 § 2 Abs. 1, 2 und 4 KostÄndG 1975 (FN 33); Art. 5 Nr. 1 des Gesetzes über die Prozeßkostenhilfe von 1980 (BGBl. I, S. 677); Art. 5 Nr. 1 des Gesetzes zur Erhöhung von Wertgrenzen in der Gerichtsbarkeit von 1982 (BGBl. I, S. 1615); vgl. auch Art. 2 Abs. 1 des Gesetzentwurfs der Bundesregierung zum BRAGOÄndG 1980 (BT-Drucks. 8/3691, S. 7).

[303] Vgl. für Steuerberater: § 47 StBGebV; für Ärzte: § 14 GOÄ; für Architekten und Ingenieure: § 59 HOAI.

[304] Sehr deutlich z. B. *K. Stern* (FN 165). Zur Kritik an der Rechtsprechung des *BVerfG* siehe auch oben B. II. 1. b) m. weit. Nachw.

überein. Verfassungspolitisch ist deshalb zu beachten, daß Anwaltsgebührenerhöhungen, die weitmöglichst auf eine Rückwirkung verzichten, von einem *breiteren Konsens* getragen werden und auf *größere Akzeptanz* stoßen.

Die von der Rechtsprechung des *BVerfG* abweichenden Literaturmeinungen können bei der rechtspolitischen Entscheidung über eine Rückwirkungsanordnung um so mehr Berücksichtigung fordern, weil sie sich teilweise auf die geistesgeschichtlichen Grundgedanken des Rückwirkungsverbots berufen können[305].

Materiell entspricht das Verbot rückwirkender Gesetze nämlich einem „von alters her in der gesamten abendländischen Kultur anerkannten Rechtsgrundsatz"[306], mag über seine Tragweite im einzelnen auch Uneinigkeit bestanden haben[307]. Die Geltungskraft des Rückwirkungsverbots läßt sich nicht nur anhand der Kodifikationen des ausgehenden 18. und beginnenden 19. Jahrhunderts[308] sowie der frühen deutschen und ausländischen Verfassungen[309], sondern auch in der rechtswissenschaftlichen Literatur des 19. Jahrhunderts nachweisen. Stellvertretend für viele hielt etwa *C. F. v. Savigny* „das unerschütterliche Vertrauen in die Herrschaft der bestehenden Gesetze" für „höchst wichtig und wünschenswerth"; es sollte „Jeder darauf sicher rechnen können, daß die Rechtsgeschäfte, die er zum Erwerb nach bestehenden Gesetzen eingerichtet hat, auch in Zukunft wirksam bleiben werden"[310]. Und *O. v. Gierke* leitete aus dem Gewohnheitsrecht aller Kulturstaaten und dem ungeschriebenen gemeinen Staatsrecht einen auch für den Gesetzgeber verbindlichen „wahren" Satz ab, wonach neues Recht nicht zurückwirken soll[311, 312].

---

[305] Die geistesgeschichtlichen Grundlagen des Rückwirkungsverbots werden in die Überlegungen zum heutigen Rückwirkungsverbot ausdrücklich miteinbezogen, z. B. von *C. Arndt*, DVBl. 1958, S. 120 ff.; *H. Coing*, BB 1954, S. 269 ff.; *H. Hellmann / K. Pfeiffer* (FN 164), S. 187 ff.; *U. Meyer-Cording*, JZ 1952, S. 161 ff.; *K. Stern* (FN 150), S. 382 f.; *E. Tietz*, NJW 1951, S. 468 ff.; vgl. auch *A. Henneka*, FR 1966, S. 156 ff.

[306] So *E. Tietz*, NJW 1951, S. 468 ff. (S. 468).

[307] Allgemein zur Geschichte des Rückwirkungsproblems und -verbots z. B. *W. Niehues* (FN 164), S. 4 ff.; *W. Scheerbarth* (FN 164), S. 30 ff. sowie die in FN 305 ausgewiesene Literatur. Vgl. auch die Motive zu dem Entwurf eines Bürgerlichen Gesetzbuches für das Deutsche Reich, Band I, 2. Aufl., Berlin 1896, S. 19 ff.

[308] Z. B. preuß. ALR Einl. § 14: „Neue Gesetze können auf schon vorhin vorgefallene Handlungen und Begebenheiten nicht angewendet werden."

[309] Z. B. Art. 1, Sec. 9 Abs. 3 der Verfassung der Vereinigten Staaten von 1787: „No State shall pass any bill of attainder, ex post facto law or law impairing the obligation of contracts." Siehe dazu auch die Übersicht in den Motiven zum BGB (FN 307), S. 20 f.; *H. Hellmann / K. Pfeiffer* (FN 164), S. 187 ff. m. weit. Nachw.; *K. Stern* (FN 150), S. 382 f.

[310] System des heutigen römischen Rechts, Band 8, Berlin 1849, § 385, S. 390.

[311] Deutsches Privatrecht, Band I, Leipzig 1895, S. 187 ff.

Wenngleich im Verlauf der geschichtlichen Entwicklung vielfach über den Begriff der Rückwirkung keine Einigung erzielt werden konnte, so sollte die tiefe Verwurzelung des Rückwirkungsverbots im älteren Staats- und Rechtsdenken doch verfassungspolitischer Anstoß dafür sein, auch im Bereich des Anwaltsgebührenrechts zukünftig von rückwirkenden Gebührenerhöhungen weitmöglichst Abstand zu nehmen.

---

312 Selbst in den Motiven zum BGB findet sich der Hinweis darauf, „daß der Staat als Hüter der Rechtsordnung mit sich selbst in Widerspruch treten würde, wenn er den unter dem Schutze seiner Gesetze und unter deren Garantie gehörig erworbenen und begründeten Rechten und Rechtsverhältnissen später ihre Wirksamkeit in willkürlicher Weise wieder entziehen wollte. Die Annahme, daß der Staatswille auf ein Verfahren gerichtet sein sollte, welches das dem Gesetze entgegengebrachte Vertrauen täuschen, die Rechtssicherheit gefährden, das Rechtsbewußtsein erschüttern und schließlich die Staatsautorität untergraben müßte, verbietet sich von selbst. Diese Erwägungen legen die dem Grundsatz der Nichtrückwirkung innewohnende Wahrheit offen" (a. a. O. [FN 307], S. 21).

D. Anhang

Gegenstands-wert	bisherige Gebühr	neue Gebühr	Anhebung in DM	Anhebung in %
1 000	55	55	0	0
1 100	59	60	1	2
1 500	75	80	5	7
2 000	95	105	10	11
2 500	115	130	15	13
3 000	135	155	20	15
4 000	160	195	35	22
5 000	185	230	45	24
10 000	260	320	60	23
20 000	325	420	95	29
30 000	385	500	115	30
40 000	450	580	130	29
50 000	510	660	150	29
60 000	575	730	155	27
70 000	635	800	165	26
80 000	700	870	170	24
90 000	760	940	180	24
100 000	822	1 000	178	22

* Ausgewählte Werte. Der Gegenstandswertbereich von „bis 50 DM" bis einschließlich „bis 1 000 DM" blieb gegenüber dem KostÄndG 1957 unverändert. Die Gebühren für Gegenstandswerte über 100 000 DM wurden ebenfalls erhöht, und zwar z. B. bei einem Gegenstandswert von 150 000 DM und von 250 000 DM jeweils um 27 %.

**II. Tabellarische Übersicht über die Anhebung
der Gegenstandswertgebühren durch das KostÄndG 1969***

Gegenstands- wert	bisherige Gebühr	neue Gebühr	Anhebung in DM	Anhebung in %
50	5	15	10	200
100	7	15	8	114
150	10	15	5	50
200	13	20	7	54
300	19	30	11	58
400	25	35	10	40
500	30	40	10	33
1 000	55	65	10	18
1 200	65	74	9	14
1 400	75	83	8	11
1 800	95	101	6	6
2 200	115	119	4	3
2 600	135	137	2	1
2 800	145	146	1	1
3 000	155	155	0	0

* Ausgewählte Werte. Die Gebühren für Gegenstandswerte zwischen 3 000 DM und
150 000 DM blieben gegenüber dem BRAGOÄndG 1965 unverändert. Ebenfalls angehoben
wurden dagegen die Gebühren für Gegenstandswerte über 150 000 DM, und zwar um
bis zu 25 % bei einem Gegenstandswert von 1 000 000 DM.

III. Tabellarische Übersicht über die Anhebung
der Gegenstandswertgebühren durch das KostÄndG 1975*

Gegenstands-wert	bisherige Gebühr	neue Gebühr	Anhebung in DM	Anhebung in %
150	15	20	5	33
200	20	20	0	0
2 800	146	146	0	0
3 200	163	164	1	1
4 000	195	200	5	3
5 600	248	272	24	10
7 200	283	344	61	22
9 000	310	425	115	37
10 000	320	470	150	47
20 000	420	770	350	83
21 000	428	830	402	94
22 000	436	830	394	90
25 000	460	830	370	80
30 000	500	890	390	78
31 000	508	950	442	87
35 000	540	950	410	76
40 000	580	1 010	430	74
50 000	660	1 080	420	64
60 000	730	1 150	420	58
70 000	800	1 220	420	53
80 000	870	1 290	420	48
90 000	940	1 360	420	45
100 000	1 000	1 430	430	43
200 000	1 500	2 130	630	42
300 000	2 000	2 730	730	37
500 000	3 000	3 810	810	27
750 000	4 250	4 770	520	12
1 000 000	5 500	5 730	230	4

* Ausgewählte Werte. Der Gegenstandswertbereich von „bis 200 DM" bis einschließlich „bis 2 800 DM" blieb gegenüber dem KostÄndG 1969 unverändert. Durch den Wegfall von Wertstufen (bisher: bis 20 000, 21 000, 22 000 . . .; nun: bis 20 000, 25 000, 30 000 . . .) ergaben sich besonders umfangreiche Erhöhungen bei den Gegenstandswerten 21 000 DM (94 %), 22 000 DM (90 %) und 31 000 DM (87 %).

IV. Tabellarische Übersicht über die Anhebung
der Betragsrahmengebühren durch das KostÄndG 1975*

bisheriger Rahmen	neuer Rahmen	Anhebung in %
5 - 180 (92,5)	10 - 200 (105)	14
5 - 180 (92,5)	10 - 250 (130)	41
15 - 150 (82,5)	20 - 230 (125)	52
20 - 240 (130)	20 - 300 (160)	23
25 - 300 (162,5)	25 - 375 (200)	23
25 - 300 (162,5)	30 - 380 (205)	26
30 - 360 (195)	35 - 450 (242,5)	24
40 - 480 (260)	40 - 600 (320)	23
50 - 180 (115)	60 - 380 (220)	91
50 - 600 (325)	50 - 750 (400)	23
50 - 600 (325)	60 - 760 (410)	26
60 - 240 (150)	70 - 450 (260)	73
60 - 720 (390)	70 - 900 (485)	24
100 - 360 (230)	100 - 750 (425)	85
100 - 1 200 (650)	100 - 1 500 (800)	23

* Auswahl; in Klammern jeweils die Mittelgebühr.

D. Anhang

V. Tabellarische Übersicht über die Anhebung
der Gegenstandswertgebühren durch das BRAGOÄndG 1980*

Gegenstands- wert	bisherige Gebühr	neue Gebühr	Anhebung in DM	Anhebung in %
200	20	30	10	50
300	30	40	10	33
500	40	50	10	25
900	60	70	10	17
1 200	74	85	11	15
1 600	92	103	11	12
2 000	110	121	11	10
2 800	146	157	11	8
4 000	200	211	11	6
8 000	380	395	15	4
12 000	530	552	22	4
16 000	650	677	27	4
20 000	770	800	30	4
30 000	890	960	70	8
40 000	1 010	1 120	110	11
50 000	1 080	1 235	155	14
60 000	1 150	1 305	155	13
70 000	1 220	1 375	155	13
80 000	1 290	1 445	155	12
90 000	1 360	1 515	155	11
100 000	1 430	1 585	155	11
110 000	1 500	1 605	105	7
120 000	1 570	1 625	55	4

* Ausgewählte Werte. Die Gebühren für Gegenstandswerte über 120 000 DM blieben unverändert.

VI. Tabellarische Übersicht über die Anhebung
der Betragsrahmengebühren durch das BRAGOÄndG 1980*

bisheriger Rahmen	neuer Rahmen	Anhebung in %
10 - 150 (80)	15 - 180 (97,5)	22
10 - 200 (105)	15 - 240 (125,5)	21
10 - 250 (130)	20 - 295 (157,5)	21
20 - 300 (160)	25 - 365 (195)	22
25 - 375 (200)	35 - 455 (245)	23
30 - 380 (205)	35 - 465 (250)	22
35 - 450 (242,5)	40 - 550 (295)	22
40 - 600 (320)	50 - 725 (387,5)	21
50 - 750 (400)	60 - 910 (485)	21
60 - 380 (220)	70 - 465 (267,5)	22
60 - 760 (410)	70 - 930 (500)	22
70 - 450 (260)	85 - 545 (315)	21
70 - 900 (485)	85 - 1 095 (590)	22
100 - 750 (425)	120 - 915 (517,5)	22
100 - 1 500 (800)	120 - 1 825 (972,5)	22

* Auswahl; in Klammern jeweils die Mittelgebühr.

Printed by Libri Plureos GmbH
in Hamburg, Germany